MANUAL DE
HOMILETICA

SAMUEL VILA

MANUAL DE HOMILETICA

Calidad en Literatura Evangélica

editorial clie

Libros CLIE
Galvani, 113
08224 TERRASSA (Barcelona)

MANUAL DE HOMILÉTICA

© 1984 por CLIE

16ª edición española: 1990

Depósito legal: B-35100-2006 Unión Europea
ISBN 10: 84-7228-125-6
ISBN 13: 978-84-7228-125-7
Printed by Publidisa

Printed in Spain

INDICE

INTRODUCCION

Por muchos años hemos sentido en los países de habla española la necesidad de un libro que enseñara a los jóvenes creyentes que desean tomar parte en el ministerio de la Palabra el modo de preparar y ordenar un sermón. El buen deseo de testificar de las verdades del Evangelio, la misma piedad o el fervor religioso, con ser virtudes indispensables para la predicación eficaz, no son suficientes. Es necesario presentar las verdades evangélicas, sobre todo a los nuevos oyentes, de un modo claro y lógico, que persuada sin fatigar las mentes. Para ello se necesita orden, disposición y clara enunciación de la plática o sermón.

Es cierto que el Espíritu Santo ha usado a veces para realizar su obra de salvación sermones muy deficientes, carentes de lógica y débiles en argumentación. Tal es el caso del sencillo sermón que ganó al que después fue famoso predicador Spurgeon. Pero éstos son casos excepcionales, en los cuales Dios ha querido llenar por una manifestación especial de su gracia lo que faltaba al instrumento humano: Tales ejemplos no son, sin embargo, motivo alguno para menospreciar el arte de la Homilética, pues la preparación de sermones es un verdadero arte que requiere estudio y adiestramiento, con la particularidad de que, por moverse en la más alta esfera de la vida humana, merece más que cualquier otro arte tal trabajo y esfuerzo.

La cuidadosa preparación del sermón no es, empero, suficiente sin el poder o fuego del Espíritu Santo, que no siempre es el fuego del entusiasmo humano que se expresa con enérgicos gestos y grandes gritos, sino aquella unción de lo Alto que da al sermón ese algo inexplicable que no se adquiere por medios humanos pero lleva a los corazones de los oyentes la impresión de que el mensaje es de Dios, porque es Dios mismo revelándose al corazón del que escucha la Palabra. Si ambas cosas vienen unidas en el sermón, el predicador no podrá menos que ver de su siembra espiritual abundantes frutos para vida eterna.

Hay que evitar ambos extremos. El predicador que descuida la preparación de sermones, confiando imprudentemente en la inspiración divina, se encontrará frecuentemente con que no tendrá mensaje alguno para dar, y tendrá que sustituir rápidamente la falta de inspiración por una charla sin sentido que cansará a sus oyentes, pues el Espíritu Santo no suele otorgar premio a la holganza. Y el predicador que sólo confía en su arte y en sus cuartillas bien escritas, puede hallarse falto de la unción santa y descubrir con sorpresa que su palabra no llega a los corazones.

Por esto el autor, desde los días de su llamamiento al Ministerio hace 38 años, ha sentido la falta de un buen Manual de Homilética en lengua española, y más de una vez hablando con otros pastores ha expresado su extrañeza de que alguien bien capacitado para la tarea no lo haya dado a luz durante todo este tiempo.

No podemos menos que recordar el afán con que devorábamoso el brevísimo librito Ayuda del predicador, del Dr. Enrique Lund, y más tarde en la Revista Homilética la sección «Consejos», del mismo autor, en aquellos días de nuestra adolescencia, cuan-

do *todavía no teníamos acceso a la literatura escrita en lengua extranjera.*

Más tarde, vimos con gozo la publicación del libro Tratado sobre la predicación, *del Dr. Broadus. Pero la mejor obra escrita para un ambiente extranjero no responde plenamente a las necesidades del predicador de habla hispana; sobre todo para el que no ha tenido el privilegio de pisar las aulas de un Seminario o Colegio Bíblico. A la obra de Broadus, con ser interesantísima como exposición teórica, le faltan ejemplos prácticos, bosquejos, con los cuales el profesor en el Seminario suele demostrar a los alumnos sobre la pizarra la aplicación práctica de los principios y reglas del libro de texto. Lo propio se puede decir de otros volúmenes que tratan de la predicación.*

Tenemos que rendir un tributo de reconocimiento y aprecio a la labor del misionero D. Nicolás Bengston, que fue el primer profesor que inició al autor en los estudios de Homilética. Varias de las reglas y bosquejos que aparecen en el presente libro fueron aprendidos de sus labios en el Seminario Bautista de Barcelona.

Asimismo el reverendo pastor D. Ambrosio Celma, que inició al autor en la Homilética de Vinet, y los consejos prácticos de Spurgeon. De todos ellos podemos decir que, «difuntos, aún hablan».

El pastor sudamericano M. E. Martínez ha sido, después del Dr. Lund, el primero que ha publicado reglas de Homilética acompañadas de ejemplos prácticos, en la introducción de su libro Luces para predicadores; *pero es muy poca la Homilética que puede darse en 18 páginas que emplea para tal enseñanza.*

No faltan en castellano volúmenes de bosquejos y sermones de buenos autores, aunque no tantos como quisiéramos ver traducidos a nuestra lengua; sin em-

bargo, creemos que es más importante para el predicador novel aprender a preparar él mismo sus bosquejos que tenerlos en abundancia de otros predicadores. Un bosquejo propio se predica con mayor fuerza y claridad que el sermón ajeno, a menos que el predicador sepa adaptarlo y desarrollarlo muy bien, vistiéndolo con su propio lenguaje e ideas.

Por esto creemos será de verdadera utilidad la presente obra y que tendrá amplia acogida, a juzgar por la que ha tenido la revista de carácter homilético El Cristiano Español, en cuyas páginas han visto ya la luz algunos capítulos, la cual cuenta con un número muy considerable de suscriptores en varias repúblicas de Sudamérica además de los de España.

Si con la publicación de este modesto volumen de Homilética podemos ayudar a los creyentes que sienten la vocación de anunciar el Evangelio, y mediante estas instrucciones dadas a los predicadores algunas almas pueden comprender más fácilmente el mensaje de salvación, no dará el autor por vano este trabajo realizado con gran esfuerzo en medio de muchas otras abrumadoras tareas. Sirva ello de disculpa a las deficiencias que el libro pueda tener y de estímulo a otros compañeros en el Ministerio de la predicación y enseñanza para producir alguna obra similar, más amplia y completa.

Tarrasa (Barcelona), junio de 1954

PROLOGO A LA 4.ª EDICION

La necesidad de un libro de Homilética práctica a que aludíamos en la Introducción a la 1.ª edición de este Manual, se ha visto confirmada con el notable éxito de venta del mismo. A pesar de tratarse de un libro destinado a un círculo de lectores necesariamente reducido, se han agotado ya tres ediciones del mismo, la última de 5.000 ejemplares; y los numerosos pedidos pendientes nos obligan a proceder a una 4.ª edición sin más demora. La mayor parte de la venta ha sido a Institutos Bíblicos, que lo adoptaron como libro de texto para sus cursos de Homilética.

En esta 4.ª edición hemos mejorado más que en otras el contenido del libro, añadiendo diversos bosquejos en las secciones correspondientes, de maestros de la predicación, haciéndolos objeto de algunos comentarios prácticos que ayudarán al estudiante a entender cómo pueden ampliar por sí mismos los esqueletos de sermones, de este mismo libro o de otros libros de bosquejos homiléticos.

El capítulo I, que se refiere a «La elección de Tema», ha sido objeto de una ampliación especial, incluyendo citas de Spurgeon y otros autores que aclaran los mismos puntos expuestos en ediciones anteriores, lo cual hace este capítulo mucho más claro y de más valor.

El *capítulo IV*, «*Subdivisiones del Sermón*», *viene ilustrado con un gráfico que aclara todo el contenido teórico del libro. Para mejor comprensión de la idea gráfica del bosquejo hemos hecho que el dibujo corresponda al ejemplo 2.º del capítulo XII, donde se halla el bosquejo completo.*

Hubiésemos querido extendernos más, presentando más ejemplos de cada clase de sermones; pero, por una parte, la necesidad de no diferir la publicación del libro y, por otra, el propósito de no hacer de él un volumen demasiado grande y costoso, han puesto límite a nuestros deseos. De todos modos, la presente ampliación lo ha hecho bastante mayor que los otros.

Quiera Dios usar esta 4.ª edición, más aún que las tres anteriores, para ayudar a los ministros del Evangelio, actuales y futuros, a «trazar bien la Palabra de Verdad», para el mejor beneficio espiritual de muchas almas en las tierras de habla hispana, tanto de América como en España.

Tarrasa (Barcelona), septiembre de 1968

El tema del sermón

La primera cosa para preparar un buen sermón es tener un mensaje definido. Antes de proceder a la preparación de un sermón, todo predicador debe responderse esta sencilla pregunta: ¿De qué voy a hablar?

Mientras el predicador no pueda contestar claramente tal pregunta, no debe seguir adelante. Ha de tener un tema y debe saber con precisión cuál es. Sólo puede estar seguro de que lo sabe cuando pueda expresarlo en palabras. Si el tema está entre la bruma, también lo estará todo lo que le pertenece: su introducción, su arreglo, su prueba y su objeto.

El tema debe ser la expresión exacta del asunto, o la respuesta a la pregunta: ¿De qué voy a hablar? Nunca debe escogerse un tema por ser bonito o sonoro como fase, sino que ha de expresar claramente el objeto que el sermón persigue. Todo predicador, para preparar bien su sermón, debe responder a la pregunta: ¿Por qué voy a hablar de este tema? ¿Qué fin deseo lograr?

El tema no sólo ha de abarcar o incluir lo que se va a decir, sino que ha de excluir todo lo que no tenga que ver con el asunto.

En toda preparación para el público, las primeras palabras que se escriban deben ser la expresión exacta del tema, o sea, la respuesta a la pregunta: ¿De qué voy a hablar?

COMO ENCONTRAR UN TEMA

El mensaje debe venir como una inspiración especial de Dios, y el predicador debe estar pidiendo mensajes a Dios para sus oyentes. Pero no es de esperar que venga siempre como una inspiración profética, sino que él mismo debe afanarse en buscarlos de diversas maneras.

Spurgeon dice: «Confieso que me siento muchas veces, hora tras hora, pidiendo a Dios un asunto, y esperándolo, y que esto es la parte principal de mi estudio. He empleado mucho tiempo y trabajo pensando sobre tópicos, rumiando puntos doctrinales, haciendo esqueletos de sermones, y después sepultando todos sus huesos en las catacumbas del olvido, continuando mi navegación a grandes distancias sobre aguas tempestuosas hasta ver las luces de un faro para poder dirigirme al puerto suspirado. Yo creo que casi todos los sábados formo suficientes esqueletos de sermones para abastecerme por un mes, si pudiera hacer uso de ellos; pero no me atrevo, ni suelo hacerlo. Naturalmente, porque no da lugar a ello el hallazgo de otros mejores.»

El predicador puede recibir la inspiración de un mensaje:

a) **Reflexionando sobre las necesidades espirituales de sus oyentes.**

Debemos advertir al predicador novel acerca del peligro de sermones particulares dirigidos a una familia o a un individuo de la iglesia. Si tiene algo que decir a un individuo, dígaselo particularmente, pero no desde el púlpito, que es la cátedra de toda la Iglesia, y no debe sacrificarla a las conveniencias particulares de unos pocos. Además, se expone a que sus insinuaciones sean comprendidas por otros hermanos como dirigidas a aquélla u otra persona y ello produciría murmuraciones, o podría ocurrir que la misma persona comprendiera demasiado bien el mensaje y se ofendiera con razón por la falta de tacto del predicador. Pero cuando el predicador siente que la mayoría de la iglesia adolece de algún defecto o necesita una exhortación especial, hágala sin temor, pensando en su alta responsabilidad como siervo de Dios.

El célebre Spurgeon dice en su libro *Discursos a mis estudiantes*: «Considerad bien qué pecados se encuentran en mayor número en la iglesia y la congregación. Ved si son la vanidad humana, la codicia, la falta de amor fraternal, la calumnia u otros defectos semejantes. Tomad en cuenta cariñosamente las pruebas que la Providencia plazca sujetar a vuestros oyentes, y buscad un bálsamo que pueda cicatrizar sus heridas. No es necesario hacer mención detalladamente, ni en la oración ni en el sermón, de todas estas dificultades con que luchen los miembros de vuestra congregación.» El autor quisiera añadir aquí: Que sientan vuestros miembros culpables, probados, afligidos o castigados por la mano del Señor, que vuestra palabra desde el púlpito es adecuada a su necesidad; que es bálsamo para sus heridas; pero sin empeñaros vosotros en rascar la llaga para que penetre más la medicina. Confiad esta tarea al Espíritu Santo. Dejad tan sólo caer vuestro mensaje como la nieve que se posa suavemente sobre los secos prados, y permitid a Dios hacer el resto.

b) En sus lecturas devocionales de la Biblia.

El predicador no debe alimentar a otras almas manteniendo la suya a escasa dieta. Sin embargo, éste es el defecto de muchos predicadores excesivamente ocupados. La lectura devocional diaria, personal o en familia, proporcionará al predicador temas y le hará descubrir filones de riqueza espiritual en lugares insospechados. Anote cuidadosamente las ideas que surjan en tales momentos.

c) Leyendo sermones de otros predicadores.

El predicador no debe ser insípido bajo la pretensión de ser original, ni debe fiar tampoco en las despensas de otros para alimentar su propia familia. Ambos extremos son malos. El predicador debe tener tiempo para leer sermones de buenos predicadores, no sólo en el momento en que necesita algo con urgencia para preparar su mensaje, sino en otros momentos cuando no le interesa preparar ningún sermón, sino alimentar su propia alma. Es muy posible que si espera el momento de tener que preparar su propio sermón no encuentre nada adecuado y tenga que emplear horas y más horas repasando libros de cubierta a cubierta, mientras que si hubiera empleado un poco más de tiempo en el cuidado de su propia alma, los mensajes adecuados para las de los demás le habrían venido sin esfuerzo, y quizá sacrificando para ello menos tiempo que el que en el momento del apuro se ha visto obligado a emplear. Siempre los mejores mensajes del predicador son aquellos que primero han hecho bien a sí mismo. Cualquier sermón o idea que el predicador considere útil para sus oyentes debe anotarla cuidadosamente en su «Libreta de sugestiones», indicando el volumen y página donde podrá volver a encontrar tal idea expuesta detalladamente.

Thomas Spencer escribió así: «Yo guardo un librito en que apunto cada texto de la Biblia que me ocurre como teniendo una fuerza y una hermosura especial. Si soñara en un pasaje de la Biblia, lo apuntaría; y cuando tengo que hacer un sermón, reviso el librito, y nunca me he encontrado desprovisto de un asunto.»

Usando de nuevo una de las figuras de Spurgeon, diremos que: «Cuando se quiere sacar agua con una bomba que no se haya usado por mucho tiempo, es necesario echar primero agua en ella, y entonces se podrá bombear con buen éxito. Profundizad los escritos de alguno de los maestros de la predicación, sondead a fondo sus trabajos y pronto os encontraréis volando como una ave, y mentalmente activos y fecundos.»

d)   En sus visitas pastorales.

Muchas veces la conversación con personas inconversas, o con miembros débiles de la Iglesia, hacen sentir al pastor alguna necesidad espiritual común a muchos de sus oyentes. A veces aun el texto que responde a tal necesidad es dado durante la conversación. Debe apresurarse a anotarlo en la misma calle, al salir de tal visita. Si espera a hacerlo podría borrarse de su memoria. Cuando el mensaje es sugerido en tal forma predíquelo con confianza y con la persuasión de que es Dios quien le ha dado su palabra, con la misma seguridad que lo haría un profeta del antiguo tiempo.

e)   En la consideración de las cosas que le rodean.

El predicador debe ser un atento observador de la naturaleza y de los hombres. Todo lo que ve y oye debe archivarlo cuidadosamente en su memoria por si alguna vez pudiera serle útil como ilustración de

un sermón. Y a veces una ilustración provee el tema
de un sermón. Spurgeon cuenta de un predicador
que descubrió el tema de un magnífico sermón en un
canario que vio cerca de su ventana con algunos
gorriones que lo picoteaban sin compasión con ánimo
de destrozarlo, lo que le hizo recordar Jeremías 12:9:
«¿Es mi heredad de muchos colores? ¿No están contra ella aves en derredor?» Meditando sobre este
texto, predicó un sermón sobre las persecuciones que
ha de sufrir el pueblo de Dios. Otro día encontró un
tema en el hecho de un tizón que cayó del hogar
al estrado un domingo por la tarde en que necesitaba un tema para sermón, lo que le indujo a predicar sobre Zacarías 3:2. Dos personas vinieron después a decirle que habían sido convertidas por este
sermón.

Es necesario, no obstante, que los sermones sur-
gidos de tales observaciones prácticas sean verdade-
ros sermones, llevando un plan y un mensaje espiritual, y no una larga y detallada exposición del
incidente que, no por interesar mucho al predicador,
ha de interesar en la misma medida a los que no han
sido afectados por la idea o sugerencia, la cual debe
ser puesta solamente como introducción, pero no ocupar el lugar del sermón.

f) Pidiéndolos a Dios en oración.

Spurgeon dice: «Si alguien me preguntara: ¿Cómo
puedo hacerme con el texto más oportuno? Le con-
testaría: Pedidlo a Dios.»

Harrington Evans, en sus *Reglas para hacer sermones,* nos da como la primera: «Pedid a Dios la
elección.»

Si la dificultad de escoger un texto se hace más
dura, multiplicad vuestras oraciones; será esto una
gran bendición.

Es notoria la frase de Lutero: «Haber bien orado, es más de la mitad estudiado.» Y este proverbio merece repetirse con frecuencia. Mezclad la oración con vuestros estudios de la Biblia. Cuando vuestro texto viene como señal de que Dios ha aceptado vuestra oración, será más precioso para vosotros, y tendrá un sabor y una unción enteramente desconocidos al orador frío y formalista, para quien un tema es igual a otro. Y, citando a Gurnal, declara: «Cuánto tiempo pueden los ministros sentarse, hojeando sus libros y devanándose los sesos, hasta que Dios venga a darles auxilio, y entonces se pone el sermón a su alcance, como servido en bandeja. Si Dios no nos presta su ayuda, escribiremos con una pluma sin tinta. Si alguno tiene necesidad especial de apoyarse en Dios, es el ministro del Evangelio.»

g) Evitad la repetición.

El predicador, al buscar su tema, debe tener presentes sus temas anteriores. Dice Spurgeon: «No sería provechoso insistir siempre en una sola doctrina, descuidando las demás. Quizás algunos de nuestros hermanos más profundos pueden ocuparse del mismo asunto en una serie de discursos, y puedan, volteando el caleidoscopio, presentar nuevas formas de hermosura sin cambiar de asuntos; pero la mayoría de nosotros, siendo menos fecundos intelectualmente, tendremos mejor éxito si estudiamos el modo de conseguir la variedad y de tratar de muchas clases de verdades. Me parece bien y necesario revisar con frecuencia la lista de mis sermones, para ver si en mi ministerio he dejado de presentar alguna doctrina importante, o de insistir en el cultivo de alguna gracia cristiana. Es provechoso preguntarnos a nosotros mismos si hemos tratado recientemente demasiado de la mera doctrina, o de la mera práctica, o si nos hemos ocupado excesivamente de lo experimental.»

EL TEMA Y EL TEXTO

¿Debe predicarse sobre temas o sobre textos?
*¿Debe elegirse primero el tema y después el texto,
o viceversa?*

Es imposible responder a estas preguntas de un
modo concreto dando reglas absolutas. En algunos
casos, cuando el predicador tiene un tema definido,
sintiendo que debe predicar sobre aquel asunto; el
tema precederá a la elección de texto. Pero en otros
casos, cuando el tema es sugerido como resultado
de meditación personal de la Sagrada Escritura, será
el texto el que precederá y sugerirá el tema al predicador.

¿Es fácil encontrar textos para predicar? Permítasenos citar otra vez a Spurgeon, quien dice: «No
es que falten, sino que son demasiado abundantes; es
como si a un amante de las flores se le pusiera
en un magnífico jardín con permiso para coger y lle-
varse una sola flor; no sabría cuál coger que fuera
mejor. Así me ha pasado a mí —dice el gran predicador— al tratar de buscar un texto para un sermón. He pasado horas y horas escogiendo un texto
entre muchos lamentando que hubiera tan sólo un
domingo cada siete días.»

*¿Cómo llegar a determinar el texto que se debe
escoger, sobre todo cuando no se tiene antes escogido el tema del sermón?* Se puede establecer esta
regla, también de Spurgeon: «Cuando un pasaje de
la Escritura nos da como un cordial abrazo, no debemos buscar más lejos. Cuando un texto se apodera
de nosotros, podemos decir que aquél es el mensaje de Dios para nuestra congregación. Como un
pez, podéis picar muchos cebos; pero, una vez tra-
gado el anzuelo, no vagaréis ya más. Así, cuando un
texto nos cautiva, podemos estar ciertos de que a

nuestra vez lo hemos conquistado, y ya entonces podemos hacernos el ánimo con toda confianza de predicar sobre él. O, haciendo uso de otro símil, tomáis muchos textos en la mano y os esforzáis en romperlos: los amartilláis con toda vuestra fuerza, pero os afanáis inútilmente; al fin encontráis uno que se desmorona al primer golpe, y los diferentes pedazos lanzan chispas al caer, y veis las joyas más radiantes brillando en su interior. Crece a vuestra vista, a semejanza de la semilla de la fábula que se desarrolló en un árbol, mientras que el observador lo miraba. Os encanta y fascina, u os hace caer de rodillas abrumándoos con la carga del Señor. Sabed, entonces, que éste es el mensaje que el Señor quiere que promulguéis, y estando ciertos de esto, os posesionaréis tanto de tal pasaje, que no podréis descansar hasta que, hallándoos completamente sometidos a su influencia, prediquéis sobre él como el Señor os inspire que habléis.»

FORMULACION DEL TEMA

Una vez elegido el texto, es indispensable concretarlo en un tema, si no se posee ya de antemano.

El tema es el resumen del texto y del sermón concretado en una corta sentencia. Ha de ser, por tanto, no solamente la esencia del texto, sino el lazo de unión de los diversos pensamientos que entrarán en el sermón. Hay una gran ventaja en poseer un tema para el arreglo del sermón. Se ha dicho que el tema es el sermón condensado, y el sermón es el tema desarrollado.

El tema fomenta la unidad del discurso, y si los argumentos, explicaciones y aplicaciones son adecuadas, permanece el tema como nota dominante sobre la mente.

El tema ayuda para dar intensidad y firmeza al sermón y mantener el discurso dentro de los límites razonables. Por esto es preferible tener el tema limitado y bien definido y no demasiado amplio.

Predicar un sermón sin tema, es como tirar sin blanco.

EL TEMA Y EL TITULO

Una vez escogido el tema, o sea, el asunto sobre el cual desea el servidor de Dios predicar a una congregación, debe formular dicho tema en un título. Muchos predicadores y libros de Homilética confunden el tema con el título. Al autor le ocurrió esto por un tiempo. A veces, y hasta cierto punto, no existe diferencia entre ambas cosas, pero a veces el título no es más que la puerta del tema o asunto, el cual no puede ser expresado plenamente por el título, por dos motivos:

a) Porque el título del sermón ha de ser exageradamente breve, y por tal razón no puede a veces contener todos los pensamientos o partes que el predicador desea desarrollar en su tema.

b) Porque, sobre todo en estos tiempos de abundante publicidad, ha de ser el título del sermón especialmente chocante y atractivo, para despertar la atención e intrigar al público. Esto pone al predicador en el peligro de formular su tema en un título que se aparte del asunto del cual realmente quiere tratar. En otras palabras: que sirva tan sólo de excusa o motivo para llamar la atención y no de verdadera base al mensaje. En tal caso se expone a que el público, sintiéndose defraudado, pierda confianza al predicador.

El Dr. J. H. Jowett dice: «Tengo la convicción de que ningún sermón está en condiciones de ser

EL TEMA DEL SERMÓN

escrito totalmente, y aún menos predicado, mientras
no podamos expresar su tema en una sola oración
gramatical breve, que sea a la vez vigorosa y tan
clara como el cristal. Yo encuentro que la formulación de esa oración gramatical constituye la labor
más difícil, más exigente y más fructífera de toda
mi preparación. El hecho de obligarse uno a formular esa oración desechando cada palabra imprecisa,
áspera o ambigua, disciplinando el pensamiento hasta encontrar los términos que definan el tema con
escrupulosa exactitud, constituye uno de los factores
más vitales y esenciales de la hechura del sermón.
Y no creo que ningún sermón pueda ser esbozado,
ni predicado, mientras esa frase no haya surgido en
la mente del predicador con la claridad de luna
llena en noche despejada» (1).

Es afortunado el predicador que puede encontrar
un título que, al par que suficientemente interesante,
breve y sugestivo, para ser puesto en la pizarra de
anuncios, en el boletín de la iglesia o en la prensa
pública, sea a la vez tan expresivo y completo que
no necesite una segunda formulación del tema para
uso del predicador, sino que título y tema se con-
fundan en una sola cosa, abriendo la puerta al predicador para una eficaz y fructuosa exposición de
alguna de las grandes verdades del Evangelio.

Conviene que el tema o el título que se formule
sea intrigante, de modo que despierte el deseo de
conocer lo que se oculta detrás del mismo, o sea, a
ver cómo lo desarrollará el predicador. Observad
cuán intrigantes son los títulos de ciertas novelas y
películas mundanas. Debemos imitar en ello hasta
cierto punto a los hijos de este siglo, que son «más
sagaces que los hijos de luz», pero sin caer en exa-
geraciones. En Norteamérica, donde los temas son

---

(1) J. H. Jowett, *The Preacher, His Life and Work*, p. 133.

generalmente anunciados por medio de un cartel en las afueras de las iglesias, pueden observarse muchos títulos de sermones ingeniosísimos.

UN PENSAMIENTO CONCRETO

El tema ha de ser corto, pero claro y expresivo. Un tema largo pierde toda su gracia y atractivo. Cierto predicador anunció el siguiente tema: «*Las opiniones falsas que los hombres se forman acerca de los juicios de Dios permite sobre nuestros prójimos y las opiniones rectas que se deben formar sobre tales juicios*». Con el anuncio de tal tema, el predicador casi podía haberse ahorrado el sermón. «*El peligro de juicios erróneos*» habría sido mucho más acertado para este mismo asunto, porque este tema no detalla lo que el predicador va a decir, sino que despierta interés por saber lo que dirá.

Cuando el sermón es textual el tema debe ser tan dependiente del texto que ha de contener el principal pensamiento del mismo.

EJEMPLO: Para Rom. 12:2: «*Alistados contra lo que nos rodea*».

Cuando es para un sermón expositivo, o sea, para la exposición de un pasaje o historia bíblica, el tema debe hacer énfasis sobre algún asunto del pasaje, que sea la clave y base de la historia y su aplicación.

EJEMPLO: Sobre Juan 9:25: «*La confesión del ciego*».

«*La historia del ciego*» sería un tema demasiado vago.

Poner por tema a Lucas 15:7: «*El hambre del alma*», sería más adecuado que «*El hambre del Hijo Pródigo*». ¿Por qué? Consideremos ambos temas. En el primer caso la palabra «confesión» es un juicio y

Termino - 16 - Lunes - 07

comentario del predicador que da base para un buen sermón acerca del deber de confesar nosotros a Cristo. En cambio, «*El hambre del Hijo Pródigo*» no introduce nada nuevo. Es cosa harto sabida que el pródigo tenía hambre física, pero al decir «*Hambre del alma*», nos permite aplicar el texto al caso espiritual.

El tema ha de ser una expresión completa que una las múltiples ideas de un texto.

He aquí algunos ejemplos de temas adecuados:

1) *Sintéticos:*

«La dádiva de Dios a nosotros y la nuestra a El»: Tit. 2:14.

«El tentado pecador y el tentado Salvador»: Hebr. 2:18.

2) *De frases escriturales:*

«Las fuentes de salud»: Is. 12:3.

«Traerá el hombre provecho a Dios»: Job 22:2.

«¿A quién iremos?»: Juan 6:58.

3) *Paradójicos:*

«Deberes que resultan privilegios»: Sal. 119:54.

«Religión sin hacer la voluntad de Dios»: Mateo 7:21.

«La eficacia de virtudes pasivas»: Apoc. 1:9.

«Luz el resultado de la vida»: Juan 1:4.

«El gozo de la abnegación»: 2.º Crón. 29:27.

«Maravilla en sitio peligroso»: Luc. 8:25.

«Lo incomprensible en el testimonio cristiano»: Hech. 4:20.

Recomendamos al lector leer estos textos y considerarlos a la luz del tema. Aunque no damos el sermón correspondiente a cada uno de estos temas, pues esto es tarea de próximos capítulos, verá cómo el tema le despierta ideas sobre cada texto.

DESARROLLO DEL TEMA

Una vez que el predicador ha concretado el asunto y el objeto de su sermón en una frase que se llama tema, la cuestión inmediata es cómo debe tratar el asunto para lograr el objeto que se propone. ¿Qué cosas tiene que decir y en qué orden ha de ir expresándolas? A este efecto transcribimos literalmente lo que dice el Dr. Herrick Johnson en su libro *El Ministro Ideal*:

«El tratamiento del asunto significa plan, plan de algún género que agrupa todo para formar un organismo, que colocará las partes en orden hacia un clímax, y presentará una sucesión natural y ordenada que excluya todo lo que no sea a propósito, y que haga que las diferentes líneas vayan creciendo en color, según convergen al foco ardiente, que es la exhortación final. Esto es esencial para la eficacia del sermón. En la misma medida que el plan sea claro, comprensivo y acumulativo, el sermón hará mayor impresión a los oyentes.»

Y Spurgeon dice: «Nuestros pensamientos deben ser bien ordenados según las reglas propias de la arquitectura mental. No nos es permitido que pongamos inferencias prácticas como base, y doctrinas como piedras superiores; ni metáforas como cimiento y proposiciones encima de ellas; es decir, no debemos poner primero las verdades de mayor importancia, y por último las inferiores, a semejanza de un anticlímax, sino que los pensamientos deben subir y ascender de modo que una escalera de enseñanza conduzca a otra, que una puerta de raciocinio se comunique con otra, y que todo eleve al oyente hasta un cuarto, digámoslo así, desde cuyas ventanas se pueda ver la verdad resplandeciendo con la luz de Dios. Al predicar, guardad un lugar a propósito para todo pensamiento respectivamente, y tened cuidado de que todo ocupe su propio lugar. Nunca dejéis que los pensamientos caigan de vuestros labios atrabancadamente, ni que se precipiten como una masa confusa, sino hacedlos marchar como una tropa de soldados. El orden, que es la primera ley celestial, no debe ser descuidado por los embajadores del Cielo.»

Esto requiere por lo regular una gran cantidad de trabajo. Con alguna frecuencia un plan relampaguea en la mente como una inspiración, y el sermón se formula en pocos instantes, por lo menos en forma de bosquejo o esqueleto; pero la inteligencia de ordinario no trabaja con rapidez eléctrica, y sólo después de un trabajo duro el bosquejo va alcanzando su forma satisfactoria. A veces hay una lucha larga con la oscuridad y confusión de ideas. El pensamiento parece nadar en el caos, apareciendo una idea aquí, otra allá, sin conexión, o se presentan ideas muy buenas pero que no vienen a propósito para el tema y hay que rehusarlas o diferirlas para un sermón de otro tema. Sin embargo, el trabajo persistente y la meditación sacará el orden del caos y por fin un número considerable de las ideas surgidas durante la meditación serán aptas para entrar en un plan armónico basado en el tema y su texto.

Tal vez el predicador se sienta inclinado en alguna ocasión a renunciar al uso de un plan, por razón de la dificultad en prepararlo. Parece tanto más sencillo seguir adelante diciendo buenas cosas, formulando argumentos y lanzando exhortaciones que no tienen mucha relación entre sí, sino que cada una engarza con la otra por la frase final, que da origen a otro párrafo con ideas totalmente diferentes.

Esto puede admitirse en la conversación, cuando nos dedicamos a «anunciar el Evangelio» a otras personas. Pero en el púlpito nunca. Los oyentes no recibirán una impresión tan profunda y perdurable del sermón si éste no sigue un plan mejor que un simple conjunto de buenas ideas.

Es verdad que Dios se ha servido a veces de los medios más humildes para realizar su gran obra de salvación de almas, y sermones sin orden lógico no han sido siempre sin fruto, pero tal modo de proceder no es aconsejable en modo·alguno cuando puede haber un propósito y una ordenación clara del sermón. Una aglomeración de pensamientos buenos puede compararse a una turba que trata de apoderarse de cierta fortaleza; puede tener éxito en algunas ocasiones, pero no podrá obrar jamás con la eficacia de un ejército en el que cada hombre ocupa su lugar.

Un plan es necesario en todas las cosas: un arquitecto no principia a edificar sin antes haber trazado un plano; un ingeniero civil no lanza sus brigadas al azar sobre las montañas sin haber antes ideado por dónde debe pasar el camino que se propone construir. El predicador no debe lanzarse a trazar el camino que se propone hacer llegar hasta el mismo corazón de sus oyentes, sin plan, excepto en casos especiales en que tal preparación haya sido de todo punto imposible, y la inspiración del Espíritu suple la imposibilidad del predicador; pero aun en tales casos de improvisación, los predicadores convenientemente educados o experimentados suelen recibir la inspiración en forma de un plan rápidamente concebido y en cuyo desarrollo puede notarse el poder de lo Alto. La misma ayuda y poder puede notarse en el desarrollo de un sermón formulado con más tiempo y oración, la cual el estudio de ningún modo puede ni debe suplir.

¿De qué maneras puede formularse el plan de un sermón una vez decidido el asunto o tema que se va a tratar?

A continuación ponemos un gráfico que lo demuestra, a la vez que ilustrará y aclarará muchas de las instrucciones teóricas de este libro.

EXPLICACION DEL BOSQUEJO GRAFICO

La sencilla figura de un trompo dibujado en la pizarra nos ha servido muchas veces para ilustrar a estudiantes de Homilética el desarrollo que conviene dar a cualquier sermón.

La cabeza del trompo representa el tema, del cual parte la introducción; y el desarrollo consiguiente va ampliando y robusteciendo el argumento hasta llegar a la conclusión, la cual es presionada por cada pensamiento del sermón. Todos ellos pesan sobre la punta que deseamos clavar en las conciencias de nuestros oyentes, determinando su decisión por Cristo o su resolución de poner en práctica la amonestación del predicador sobre el tema que sea.

En el presente gráfico, y contando con la habilidad de un buen dibujante, hemos ampliado y completado la ilustración.

El tema o asunto lo representamos por una nube que se forma como consecuencia de la necesidad espiritual que el predicador apercibe, como ensombreciendo la vida de sus oyentes. Dicha nube produce un rayo que ilumina la mente del predicador: Es el texto apropiado a tal necesidad, el cual origina un título adecuado e interesante.

Del mismo modo que antes de la caída de un chaparrón se producen muchos relámpagos innocuos, así surgen en la mente del predicador temas y textos que no llegan a satisfacerle. Aparece, por fin, el más acertado de todos, el cual, rompiendo la nube, da lugar a una lluvia de pensamientos. Si la mente del predicador ha sido bien preparada con una disciplina homilética, aunque caigan éstos dispersos y confusos serán encauzados por los canales de un plan bien dispuesto; de este modo todos aquellos pensamientos aprovechables entrarán, en su lugar y momento debido, en el cauce del río, que es la argumentación del tema.

El río es finalmente una corriente poderosa que se lanza por la catarata de la conclusión. Obsérvese cómo en el interior de ésta aparece la recapitulación, que consiste en una mención breve de los argumentos principales del sermón. No todos los sermones necesitan una conclusión recapitulativa, pero siempre tendrá lugar un breve resumen, sea en la forma detallada que indica el gráfico o de un modo más general.

Obsérvese cómo el río que representa el caudal de pensamientos de un sermón puede venir de los montes de la imaginación del predicador en dos formas diversas. Atropelladamente, como un chorro de frases e ideas sin distribuir (dejando en el ánimo de los oyentes la impresión de haber escuchado «un montón de cosas buenas», pero sin ser capaces de definir el curso que han seguido tales pensamientos), o bien, relacionados el uno con el otro, en la forma escalonada y ordenada que aparece en la supuesta red de canales de la izquierda.

Del mismo modo que un caudal de agua es mucho más eficaz cuando es bien distribuido para regar la tierra y hacerla producir sus frutos, porque el líquido elemento en vez de pasar inútilmente se esparce y empapa los surcos, el sermón bien ordenado es mucho más susceptible de quedar retenido en las memorias y corazones de los oyentes que el sermón no homilético, desordenado y confuso, por abundante que sea el don de palabra del predicador, e imponente el griterío y los ademanes con que fuera pronunciado.

Tanto en el gráfico como en todos los bosquejos del libro hemos adoptado, para las divisiones, los signos que suelen usar la generalidad de los predicadores. Así, los puntos principales son indicados por números romanos: I, II, III, IV. Las subdivisiones, por cifras: 1.º, 2,º, 3.º, 4.º, etc. Y las subdivisiones secundarias, por letras: a), b), c), d), etc.

II

Sermones textuales

En líneas generales, el sermón bíblico puede ser catalogado en tres clases:

TEXTUAL, el que se limita a exponer y explicar un texto bíblico.

TEMATICO, el que se basa sobre un tema o asunto.

EXPOSITIVO, es el que comenta un pasaje bíblico, narración o parábola de la Sagrada Escritura.

Estas tres clases se subdividen en muchas otras según el carácter o procedimiento que se adopte para el arreglo del sermón, como tendremos ocasión de ver.

Empezaremos hablando del sermón textual por ser el más fácil, sobre todo en su forma simple o ilativa.

DIVERSOS USOS DEL TEXTO

La costumbre de basar el sermón evangélico sobre un texto bíblico es muy antigua y en gran modo recomendable. El texto bíblico da autoridad divina al sermón.

Permítasenos, empero, decir que los textos bíblicos suelen ser usados en tres formas por los predicadores:

a) *Como punto de partida para el sermón.* Algunos predicadores hacen uso del texto como de una especie de plataforma desde la cual se lanzan a hablar sin acordarse del lugar de donde vinieron. Los que usan así su texto como excusa y no como base del sermón muestran tener poco respeto a la Palabra de Dios y no serán estimados por una congregación de creyentes espirituales y fervorosos.

b) *Como punto de socorro o apoyo.* Otros predicadores dicen su texto y predican sin orden pensamientos más o menos buenos, pero que por lo general no tienen mucha relación con su texto. Cuando el predicador se ve perdido, regresa al texto, lo repite y vuelve a lanzarse al mar de su palabrería, en otra dirección muy diferente que la primera vez, usando como excusa de su nueva disertación alguna otra palabra del mismo texto, pero el oyente que piensa lógicamente no puede ver ninguna relación ni conexión entre esta segunda parte del sermón y la primera. Las congregaciones sometidas a la tortura de esta clase de sermones nunca tienen una idea clara de lo que se propone decirles el predicador y les es muy difícil recordar otra cosa que sus frases sueltas del sermón.

c) *Como verdadero texto y fundamento del sermón.* En las formas que vamos a analizar.

I. Sermón textual ilativo.

El método más sencillo para preparar un sermón textual es el de comentar el texto palabra por palabra. Hay textos muy buenos para esta clase de sermones, pero no todos sirven para tal desarrollo, y muchos textos no pueden ser tratados de modo alguno en esta forma simple, pues darían como resultado un galimatías de ideas sin orden lógico.

EJEMPLO 1.°

Sobre 1.ª Timoteo 1:15

Después de formular un tema que concrete el mensaje del texto, como

«EL FIEL MENSAJE» o «NOTICIA SIN IGUAL», puede desarrollarse diciendo:

Introducción. — La necesidad de verdad que tiene el mundo habiendo habido tantas enseñanzas de error. Afortunadamente hay un mensaje de parte de Dios que puede con razón ser llamado:

I. *Palabra fiel.* — Expónganse los motivos que tenemos para creer en la fidelidad de la Sagrada Escritura, como son su enseñanza inigualable, profecías cumplidas, fidelidad y pertinacia de los primeros propagadores del Cristianismo, etc.

II. *Digna de ser recibida de todos.* — Puntualícese la necesidad que todos los hombres tienen de salvación y, por tanto, de hacer caso del llamamiento de Dios. (Resístase la inclinación que pueda sentir el predicador novato a explicar en este segundo punto el plan de salvación, pues esto ha de venir después. Hasta aquí no hay que hablar más que de la veracidad y necesidad del mensaje.)

Pásese luego al tercer punto diciendo: ¿En qué consiste tan gloriosa noticia que todo hombre necesita conocer?

III. *Que Cristo Jesús vino al mundo.* — Cristo significa «ungido», elegido de Dios para una misión especial. Jesús significa «Salvador». Háblese de las repetidas promesas que Dios hizo de enviar a un Ser de tal naturaleza a través de los tiempos desde que el primer hombre pecó. (Resista también aquí la tentación de explicar cómo Cristo nos salva, reservándolo para el punto que sigue.)

IV. *Para salvar a los pecadores.* — Su venida habría sido de poco provecho a la Humanidad si no hubiera llegado a realizar el objeto de ella, si se hubiera limitado a ser un Maestro y no llegara a efectuar la salvación por su muerte redentora. Ilústrese con alguna anécdota de alguien que se haya sacrificado por un prójimo.

V. *De los cuales yo soy el primero.* — Esta confesión de parte de cada hombre es indispensable para poder recibir el beneficio inmenso de este glorioso mensaje de indulto. Diga a los oyentes, personalizando ya el asunto: «Quizá no seas el más grande pecador del mundo, pero eres el primero, por cuanto ninguno hay más cercano y que te interese tanto salvar como tu propia alma inmortal.»

Nótese el orden lógico de este texto, que empieza con un preámbulo acreditando la certeza de la fe cristiana y termina con una aplicación personal.

Otro texto notable que viene lógicamente ordenado es Juan 10:27 y 28, el cual, por referirse a una metáfora —la del Buen Pastor—, requerirá una explicación y aplicación especial.

EJEMPLO 2.º

LOS PRIVILEGIOS DEL REBAÑO DE CRISTO

Introducción. — Referirse a la adecuada figura del Pastor que con frecuencia ocurre en la Biblia.

I. *«Mis ovejas oyen mi voz».* — Explíquese quiénes son tales ovejas.

II. *«Yo las conozco».* — El privilegio y la responsabilidad que implica la omnisciencia de Cristo.

III. «*Y me siguen*». — Defínase lo que significa seguir a Cristo, imitarle, obedecerle, etc.

IV. «*Yo les doy vida eterna*». — Considérese la grandeza de esta promesa.

V. «*Y no perecerán para siempre*». — Una seguridad preciosa de la que no debemos abusar.

VI. «*Ni nadie las arrebatará de mi mano*». — Hágase observar la seguridad y consuelo que esta frase del Salvador ofrece en horas de tentación.

No deben ser tratados en forma expositiva simple sino aquellos textos que contienen en sí mismos un orden lógico y progresivo, es decir, que van de lo general a lo particular y de lo menos importante a lo más apremiante.

Obsérvese este mismo orden en Juan 3:16 y Lucas 19:10.

II. Sistema textual analítico.

Puede añadirse fuerza a las ideas del texto si se concreta en una frase que las defina de un modo sugestivo, es decir, formulando una especie de tema para cada parte del texto.

Ejemplo 3.º
LA PROMESA DEL LADRON ARREPENTIDO
Lucas 23:43

I. *Seguridad preciosa*. — «*De cierto, de cierto* te digo».

II. *Invitación admirable*. — «Estarás en el *Paraíso*».

III. *Compañía gratísima*. — «Estarás *conmigo*».

IV. *Promesa sin dilación*. — «Estarás *hoy*».

En este método se da prominencia más bien al pensamiento que a las palabras del texto, y no hay tanto peligro de que se siga tan solamente un tratamiento verbal del mismo, es decir, una mera repetición de lo que el texto dice: porque estos epígrafes analíticos sugieren al predicador nuevas ideas.

EJEMPLO 4.°
UNA INVITACION EVANGELICA
Isaías 45:22

I.   *Un medio fácil.* — «Mirad».
II. *Un objeto divino.* — «A Mí».
III. *Una invitación amplia.* — «Todos los términos de la tierra».

(De *500 Scripture Outlines*)

Veamos otro bosquejo en forma analítica sobre uno de los temas expuestos anteriormente, con un poco de desarrollo por medio de subdivisiones:

EJEMPLO 5.°
LOS PRIVILEGIOS DEL REBAÑO DE CRISTO
Juan 10:27

I.   *Son pueblo especial.* — «Mis ovejas».
   a) Expresa posesión: «Mis». Hemos sido comprados por El.
   b) Expresa carácter: «ovejas», no lobos.

II. *Son pueblo atento.* — «Oyen mi voz».
   a) Tienen oídos espirituales.
   b) Distinguen las voces mundanas y las del diablo de la del Buen Pastor.

III. *Pueblo amado.* — «Yo les conozco».
   a) Jesús los discierne.
   b) Jesús los aprueba.
   c) Jesús los vigila.

IV.   *Pueblo obediente.* — «Ellas me siguen».
   a)   Abiertamente reconocen a su Pastor ante el mundo.
   b)   Personalmente le obedecen.

III.   Sistema analítico invertido.

Algunos textos pueden ser tratados provechosamente de diversos modos por medio de la inversión de términos, o sea, variando el orden de las frases que entran en el texto.

EJEMPLO 6.°
PRIVILEGIO QUE ENTRAÑA GRAN PELIGRO

Tomando Efesios 4:30, pondríamos por título:

I.   *Un gran beneficio.* — «Sellados por el Espíritu».
II.   *Una gran esperanza.* — «El día de la redención».
III.   *Un gran requerimiento.* — «No contristéis al Espíritu».

O bien puede compararse la condición del creyente a la del esclavo hebreo, que esperaba el Jubileo para obtener la libertad, y formular el bosquejo de esta otra forma:

EJEMPLO 7.°
PRIVILEGIO QUE ENTRAÑA GRAN PELIGRO

I.   *Un gran acontecimiento futuro.* — «El día de la redención». (Se refiere a la liberación de todos los males en la gloriosa Venida de Cristo.)

II.   *Un privilegio presente.* — «Sellados». O sea, escogidos en lista para el día de la gran libertad.

III.   *Un gran requerimiento.* — «No contristéis al Espíritu». Nos haríamos indignos de tan gloriosa esperanza si viviéramos mundanalmente.

Obsérvese que en ambos bosquejos hay un progreso de pensamiento hacia el objeto primordial del texto, que es exhortar a los creyentes a vivir a la altura de nuestra soberana vocación.

IV. Sistema analítico-expositivo.

El sistema analítico se emplea con gran provecho en textos largos, o sea, porciones formadas por varios versículos, de los cuales se toma, no cada palabra o frase para exponerla a considerarla, sino las que convienen al plan general del sermón según el tema bajo el cual se comenta.

Esta clase de sermones se llaman expositivos, y aunque trataremos de ellos ampliamente en otros capítulos, damos aquí estos ejemplos para mostrar cómo se aplica a ellos el método analítico y la inversión de términos. No es posible la formulación homilética de sermones expositivos si no es por el método analítico, ya que se trata de pensamientos diseminados en un largo pasaje y no de un solo texto que se divide en partes. Por esta razón, sin las frases analíticas que relacionan sus partes con el tema, no tendrían sentido las frases escriturales que se escogen para comentar.

EJEMPLO 8.°
LA RELIGION GENUINA
Ezequiel 31:19-21

I. *Su autor.* — «Yo Jehová».

II. *El cambio que produce.* — «Corazón y espíritu nuevos».

III. *La obediencia que demanda.* — «Para que anden y guarden».

IV. *La bendición que da.* — «Serán mi pueblo».

EJEMPLO 9.°
DIOS, EL TODO EN LA VIDA DEL CREYENTE
Salmo 73:24-26

I. *Su guía en la vida* (vers. 24 a).
II. *Su sostén en la muerte* (vers. 24 b).
III. *Su porción para siempre* (vers. 26).

Nótese cómo en el primer bosquejo todo el desarrollo giró alrededor de la palabra religión y en el segundo en la persona de Dios. Esta es la ventaja de tener un tema que une y da cohesión al sermón.

En ambas porciones bíblicas hay muchas más palabras y frases interesantes que tientan al expositor a comentarlas, pero para que el discurso siga un plan deben tomarse solamente aquellas que tienen relación con el tema y desarrollarlas con la suficiente extensión para que el conjunto forme el sermón interesante y edificante que deseamos dar a nuestros oyentes.

En el desarrollo del ejemplo 9 aparece dentro del texto bíblico el vers. 25, el cual puede ser citado, y hasta comentado, durante el desarrollo del vers. 26, explicando que a veces, con motivo de las tribulaciones con las cuales Dios prueba a sus hijos, el creyente es tentado a sentirse solo, abandonado de la Providencia y llevado a pronunciar con ironía y amargura la pregunta del versículo 25; pero, basado en la gloriosa esperanza del vers. 24, se cambia la amargura en confianza, hasta poder llegar a decir en un sentido ponderativo, no con signos interrogantes sino de admiración, la pregunta «¡A quién tengo yo en los Cielos!» Este cambio del interrogante al admirativo puede estar basado en el poder y sabiduría de Dios que observamos en la Naturaleza, o en las promesas de la Biblia, y también en ambas cosas. Para ello podemos presentar a los oyentes ejemplos científicos o citas bíblicas.

Pero en este comentario el vers. 25 debe entrar, no en el orden en que lo hallamos en la Biblia, sino como un desarrollo del vers. 26; o sea, después de haber explicado la primera parte del texto que dice: «Mi carne y mi corazón desfallecen, para terminar con el clímax optimista «Mi porción es Dios para siempre». Esto es: tanto en los días malos como en los días buenos.

Si tratáramos de explicar el 25 antes del 26, resultaría una regresión de pensamiento el tener que decir: «Mi carne y mi corazón desfallecen», después de haber declarado: «Fuera de Ti nada deseo en la tierra.» Pero el esqueleto del sermón, basado en su título «*Dios, el todo en la vida del creyente*», nos ayuda a rectificar el vaivén de contrastes propio de la poesía hebrea, para construir un mensaje escalonado, que empieza por la guía divina que comenzamos a recibir desde nuestra infancia, y termina en una preciosa seguridad para todo tiempo y circunstancia.

Vamos a poner el ejemplo de un texto tratado en las tres formas que venimos explicando:

EJEMPLO 10.º

LA POBREZA DE CRISTO, NUESTRA RIQUEZA
2.ª Corintios 8:9

MÉTODO ILATIVO:

  I. *Siendo rico.*
 II. *Se hizo pobre.*
III. *Para que por su pobreza fuésemos enriquecidos.*

MÉTODO ANALÍTICO:

  I. *Su incomparable riqueza original.*
 II. *Su extrema pobreza a que voluntariamente se sometió.*
III. *La inmensa riqueza que con esto nos proporcionó.*

Nótese cómo en ambos casos se expresa lo mismo, pero el segundo bosquejo es más sugestivo para el predicador.

MÉTODO ANALÍTICO-INVERTIDO:

I. *La incomparable riqueza original de Cristo.* — «Siendo rico». El Cielo y el Universo le pertenecen.

II. *La incomparable riqueza moral de Cristo.* — «La gracia». Dios no es solamente rico en poder, en ciencia, en gloria, etc., sino que lo es en amor. «Dios es amor». Ilústrese con ejemplos de la Naturaleza y de la Biblia.

III. *El gran motivo que le movió.* — «Por amor de nosotros». Compadecido de nuestra miseria. Ilústrese con ejemplos de pecado y desgracia en este mundo.

IV. *El admirable método que adoptó.* — «Se hizo pobre». Confírmese e ilústrese con ejemplos de los cuatro Evangelios.

V. *La inmensa riqueza que con ello nos proporcionó.* — «Fuésemos enriquecidos» con una paz y gozo presentes, y las riquezas del Cielo por siglos sin fin.

Obsérvese que en los dos primeros bosquejos hemos tenido que omitir frases muy importantes del texto, como son: «la gracia» y «por amor a nosotros», porque no venían en el versículo en el orden lógico que convenía, mientras que en éste, gracias al método analítico y a la inversión de términos, hemos hallado la manera de incorporar estos buenos pensamientos al bosquejo, sin dejar de formar un conjunto lógico y ordenado bajo un plan.

Es natural que en el desarrollo de los dos primeros bosquejos la idea de la gracia o amor del Salvador habrá de entrar y el predicador tendrá ocasión de exponerla en sus puntos II y III, pero ello será en el curso de la explicación sin poder formar una división especial, que no correspondería con las otras.

Es indispensable usar el método analítico para poder invertir los términos de un texto, pues sin la frase que analiza y completa la idea del texto, el predicador no podría dar razón del porqué de la inversión o cambio de orden de las frases que entran en el texto.

Supongamos que el lector hallara en algún libro de sermones un bosquejo bíblico formulado en esta forma:

I. *Siendo rico.*
II. *La gracia.*
III. *Se hizo pobre.*
IV. *Para que fuésemos enriquecidos.*

Sentiría que el punto segundo rompe la relación entre el primero y el tercero; pero la definición de la gracia como «riqueza moral de Cristo», une perfectamente el segundo punto con el primero y prepara el terreno para el tercero.

V. Sermón textual-sintético.

Denominados así aquellos sermones basados sobre un solo texto para el desarrollo de los cuales el predicador no sigue las mismas palabras del texto, ni en forma ilativa, ni tampoco por medio de frases analíticas, pero todas derivadas del texto y relacionadas con éste.

Ejemplo 11.º
Sobre Juan 6:37 y bajo el tema:
SEGURA INVITACION

Como *introducción* puede decirse: Jesús no puede echar a nadie fuera, de los que vienen a El, y las razones lógicas son:

1. Sería en contra de su promesa.
2. En contra de su oficio.
3. En contra de su corazón.
4. Sería en contra de su deseo, y
5. Anularía la obra de gracia iniciada por el Espíritu Santo en el corazón que se siente constreñido a acudir a Cristo.

Resumen: Puedes acudir, pues, con confianza.

Ejemplo 12.º
Sobre Mateo 9:9 y bajo el tema:
SIGUEME

Introducción. — Describir gráficamente el caso de la vocación de Mateo, con cierto aire de misterio, sin citar el nombre sino dejándolo adivinar a los oyentes.

Debe hacerse notar que todo el cambio fue realizado por una sola palabra. A nosotros nos cuesta a veces miles de palabras convencer a personas hasta hacerles tomar una resolución quizá trivial. En este caso una sola palabra bastó para determinar una decisión trascendental que cambió toda una vida. Tras esta introducción puede procederse al desarrollo del sermón formulando estas tres divisiones:

1. ¿Quién es el que dice esta palabra?
2. ¿Qué implica seguir a Cristo?
3. Resultados de seguir a Cristo.

EJEMPLO 13.º

Sobre Lucas 24:34, bajo el tema:

PADRE, PERDONALOS

Pueden formularse estas cuatro divisiones:

1. ¿Quién suplicó esto?
2. ¿Por qué pide esta clemencia?
3. La ocasión en que la pide.
4. Lo que aprendemos de esta súplica.

Pero si se hacen las divisiones de tal modo que formen proposiciones u observaciones resulta aún más interesante y sugestivo el bosquejo. Se puede entonces decir:

1. *Es la primera oración jamás oída de tal índole en la tierra.* Es la cruz de Cristo que introduce tal oración.
2. *Es el Hijo de Dios venido del cielo que ora así por sus verdugos.* La idea de perdón ha venido del Cielo.
3. *Es el reflejo de su hermoso carácter.*
   a) Su ternura.
   b) Su clemencia.
   c) Benigna disposición.
   d) Amor.
   e) Nobleza.
   f) Abnegación.
4. *Es la prueba de que es el Redentor.*
   a) Desde la misma cruz procura el perdón para los más indignos.
   b) Lo obtiene en virtud de su sacrificio.
5. *Estas palabras dejan ver a Cristo en calidad de Mediador.*

Nótese el argumento con que defiende: «No saben».

Conclusión. — Esta oración proclama que la única manera para salvarnos es por la clemencia divina, por gracia.

Obsérvese que en ambos bosquejos hay una gradación de pensamiento de lo general a lo particular, dentro del texto, pero sin sujetarse a la letra del mismo.

El sermón textual-sintético, más que ningún otro de los que hasta aquí hemos estudiado, reclama subdivisiones. Este bosquejo queda muy seco con sólo las cuatro divisiones principales, mientras que tratado por proposiciones resulta muy sugestivo.

Aunque debemos tratar de las subdivisiones del sermón en otro capítulo más adelante, pondremos aquí un bosquejo completo con sus subdivisiones para dar una idea más clara del sermón textual-tópico.

EJEMPLO 14.º
AMAD A VUESTROS ENEMIGOS
Mateo 5:44

I. *Quién lo manda.*

   1. Jesús, el que tiene toda autoridad.
   2. El que lo practicó en su vida.
   3. El que lo practicó en su muerte.
   4. No hubiera podido ser sugerido por la Naturaleza.

II. *A quién lo manda.*

   1. A los discípulos, seguidores, imitadores, que tienen el deber de seguir sus pisadas.
   2. A los redimidos, los que le deben el inmenso favor de la vida eterna; favor obliga.
   3. A los perdonados, los que eran a su vez enemigos.

III. *Por qué lo manda.*

1. Es agradable a Dios, Padre de todos los hombres.
2. Es una señal segura de ser hijos de Dios.
3. Es indispensable para asemejarnos a Cristo y prepararnos para la vida de amor en el Cielo.

IV. *Ventajas de cumplir este mandato.*

1. Impide que perjudiquemos a otros.
2. Nos libra a nosotros mismos de los peligros del odio. (Donde las dan, las toman.)
3. Convierte a los enemigos en amigos.
4. Será el mejor medio para ganar almas para Cristo, y si son hermanos, para ayudar a elevarles a una vida superior.

III
Sermones temáticos

Sermón temático es la exposición de un asunto o tema bíblico, sin seguir las líneas de un texto determinado, sino el conjunto de enseñanza o doctrina que se encuentra en la Biblia sobre dicho tema.

Una vez determinado el asunto sobre el cual el predicador desea hablar, escogerá una porción bíblica adecuada al mensaje, y es preferible si tiene también su texto, desde el cual procederá al desarrollo del sermón; pero dicho texto formará la base, no el esqueleto del sermón, como en los anteriores ejemplos.

Supongamos que el predicador desea hablar de la necesidad de evangelizar y formula el sugestivo tema de: *«Por qué predicamos el Evangelio».*

Podrá tomar como texto Marcos 16:16, o Romanos 1:16, pero no se ceñirá a dichos versículos, aunque usará uno de ellos como texto y lo citará más de una vez en apoyo de su tesis; pero podrá formular el bosquejo tópico en esta forma:

¿Por qué predicamos el Evangelio?

I. Porque Cristo lo mandó. Es, pues, un deber de todo cristiano agradecido.

II. Es el beneficio mayor que se puede hacer a individuos y naciones. (Pueden citarse aquí muchos ejemplos como prueba e ilustración.)

III. Es el único medio para lograr la salvación eterna de las almas.

Al explicar el punto segundo el predicador no versado en Homilética corre mucho peligro de adelantarse al desarrollo de su tema diciendo que el mayor beneficio que recibe toda persona por la predicación es la salvación eterna de su alma. Pero debe evitar cuidadosamente entrar en este terreno en el segundo punto, en el cual debe explicar tan sólo los beneficios materiales que las personas reciben al aceptar a Cristo; de otro modo, no sabría qué decir al llegar al tercer punto o tendría que incurrir en repeticiones fastidiosas. El asunto de la salvación del alma es el más importante y el más adecuado para el llamamiento final: déjese, pues, para el fin del sermón.

SERMON TEMATICO DOCTRINAL

Es el que toma una idea o doctrina bíblica y la sintetiza o resume, aportando en su apoyo diversos textos bíblicos, pero no todos los textos que hablan sobre tal asunto, ni un número excesivo de ellos.

Hay sermones que apenas son otra cosa que una serie de textos bíblicos engarzados. A la gente le gusta ver que los pensamientos del predicador están bien fundados en la Palabra de Dios. Puede observarse cómo el apóstol San Pablo cita una vez y otra las Escrituras del Antiguo Testamento; por ejemplo, en apoyo de la tesis sobre la salvación por la fe, que desarrolla en las cartas a los Romanos y a los Gálatas, pero hay allí pensamientos originales que forman la carne de la disertación. Alguien ha dicho que antes que escuchar sermones que son meros esqueletos de textos preferirán los oyentes comprarse un diccionario bíblico de paralelos, evitando a un predicador que no se toma la molestia de pensar y fía su discurso en la memorización de textos bíblicos.

En ningún discurso, ya sea simplemente tópico como el anterior, o de estudio bíblico como el que sigue, deben emplearse más de dos o tres textos bíblicos, como máximo, en apoyo de cada una de las partes. Puede usarse más de un texto para cada parte o división cuando el segundo y el tercero contienen alguna idea nueva que completa la idea de los otros, pero en la mayoría de los casos un solo texto bien escogido será suficiente.

EJEMPLO 1.º

EL PROMETIDO MESIAS

Introducción. — La promesa de un Redentor fue hecha a nuestros primeros padres desde el momento de la caída; la Biblia va definiendo el carácter de este enviado sin igual que vendría a efectuar la liberación espiritual de la Humanidad.

Desarrollo. — Notemos sus características:

I. Sería simiente de la mujer, lo que parece predecir su nacimiento virginal: Génesis 3:15.

II. Sería un descendiente de Abraham: Génesis 22:18.

III. Sería un descendiente de David: 2.º Samuel 7:13.

IV. Nacería en Betlehem: Miqueas 5:2.

V. Horadarían sus manos y sus pies: Salmo 22:16.

VI. Sería contado entre malhechores: Isaías 53:9.

VII.   Pero enterrado en rica tumba: Isaías 53:9.

VIII.   No quedaría en el sepulcro: Salmo 16:10.

Conclusión. — Cristo ha demostrado ser el Mesías prometido y como tal debe ser aceptado.

Como advertimos ya, el predicador encontrará muchos pasajes en que se declara que el Mesías sería hijo de Abraham o de David, pero uno solo escogido y explicado es mejor que muchos mal explicados.

En un sentido general todos los sermones tópicos son sintéticos porque sintetizan o resumen alguna verdad o doctrina que se halla distribuida en toda la Biblia, pero en el ejemplo *«Por qué predicamos el Evangelio»* la síntesis de pasajes bíblicos no aparece tan clara como en éste del Mesías, por esto lo consideramos simplemente tópico, o de desarrollo de un tema. Mientras que llamamos al segundo sermón, doctrinal, o de síntesis bíblica, porque desarrolla, no una idea, motivo, apelación o exhortación, sino una doctrina, la del Mesías. Algunos llaman a los sermones sintéticos sobre alguna enseñanza o doctrina espiritual, simplemente: Estudio Bíblico.

Con la ayuda de un buen diccionario de paralelos, o aun con la mera ayuda de las notas marginales de la Biblia, es fácil componer buenos mensajes tópicos, de síntesis doctrinal.

Otras veces el bosquejo sigue una serie de consideraciones acerca de un tema, algunas apoyadas con texto y otras sacadas de la experiencia.

Véase:

EJEMPLO 2.°

LA ORACION QUE DIOS ESCUCHA
Proverbios 15:29

I.   *Dios no escucha las oraciones de:*

1.°   Los que miran la iniquidad en sus corazones: Salmo 66:18.

2.º Los altivos y orgullosos: Lucas 18:11.
3.º Los faltos de caridad: Proverbios 21:13.
4.º Los que no atienden a la Palabra de Dios: Proverbios 28:9.
5.º Los egoístas: Santiago 4:3.

II. *Dios escucha las oraciones de:*

1.º Los humildes: Lucas 18:13-14.
2.º Los rectos: Santiago 5:16.
3.º Los que permanecen en comunión con El: Juan 15:7.
4.º Los desamparados: Salmo 102:17.
5.º Los afligidos: Santiago 5:13.
6.º Los que buscan la Ciencia Divina: Santiago 1:15.

(Adaptado de Paul E. Holdcraft.)

He aquí otro ejemplo de bosquejo para sermón doctrinal basado en enseñanzas de la Biblia y de la experiencia conjuntamente.

EJEMPLO 3.º
Tema: EL PECADO

I. *Qué es el pecado.*

1. Es transgresión de la ley divina: 1.ª Juan 3:4.
2. Es obediencia al enemigo de Dios y nuestro: Romanos 6:17, 18.
3. Es una prueba de ingratitud y desafecto al que merece todo amor y obediencia: Romanos 1:21.
4. Es una tendencia natural por herencia: Salmo 51:5.

II. *Cómo se produce.*

1. En el pensamiento. Cuando es:

1.º Consentido: Deuteronomio 12:19.

2.º Acariciado: Proverbios 16:30.

3.º Buscado: Génesis 6:5.

2. De palabra:

1.º Contra Dios; blasfemias: Levítico 24:15.

2.º Insultos contra los semejantes: Mateo 5:22.

3.º Mentiras (sobre todo en perjuicio del del prójimo): Jueces 12:22.

4.º Chismes y murmuraciones: Lev. 19:16.

3. De obra. Es todo acto prohibido por la ley divina, y las acciones conducentes a los mismos:

1.º Crimen y otras relaciones favorables al al mismo: Exodo 20:13.

2.º Adulterio y actos de lascivia: Exodo 20:14.

3.º Violencia de obra: Isaías 3:12.

III. *Trágicas consecuencias del pecado.*

1. Desasosiego en el alma; turbación de la paz interior: Isaías 48:22.

2. Aumenta las dificultades de la propia vida, ya bastante difícil a causa del pecado reinante. A veces con la esperanza de mejorarlas (Ej.: el ladrón, timador, etc.): Proverbios 4:19.

3. Lleva el pecador a una pendiente peligrosa (la bola de nieve).

4. Induce a otros a pecar: 2.º Samuel 12:14.

5. Aparta el favor de Dios: Isaías 51:2.

6. Conduce al apartamiento definitivo, o sea, al infierno: Salmo 9:17.

IV. *El remedio para el pecado.*

1. Remedios ineficaces. Todos los que proceden de nosotros mismos o de invención humana:

   a) Arrepentimiento sin fe en el Redentor.
   b) Sacrificios y penitencias.
   c) Dinero y ofrendas: Hebreos 8:20.

2. El remedio eficaz: LA OBRA DE CRISTO. Por ser infinito su Autor y el mismo Hijo de Dios.

3. Aplicación del remedio:

   a) Por la fe: Efesios 2:8.
   b) Con arrepentimiento: Hechos 3:19.
   c) En novedad de vida: 2.ª Corintios 5:17.

Este bosquejo es excesivamente largo, lo que obliga a tratar sus partes muy someramente. Cuando esto ocurre en temas tales como el referido u otros, por ejemplo: la fe, el arrepentimiento, el amor de Dios, la salvación, etc., conviene definir el título del sermón un poco más y ceñirnos al mismo para evitar que el público desorientado llegue a olvidar al final del discurso lo que se ha dicho al principio.

Podemos tratar el tema del pecado de un modo menos completo pero más expresivo y fácil de recordar a los oyentes, tomando como texto Hebreos 3:13. De este modo, asociando la idea de «engaño» a la de «pecado», diremos:

EJEMPLO 4.º

EL ENGAÑO DEL PECADO

I. El pecado engaña en cuanto a su verdadera culpa. Pretende que Dios no le da importancia.

II. El pecado engaña acerca de las ventajas que por él se han de recoger.

III. El pecado engaña acerca de los malos resultados de nuestros hechos.

IV. El pecado engaña en cuanto a las posibilidades de ser librados de él cuando nos plazca.

V. El pecado engaña en cuanto a su desastroso fin.

Búsquense textos bíblicos y, si es posible, alguna anécdota que ilustren estas afirmaciones y se obtendrá un sermón breve y sugestivo que todos los oyentes podrán recordar con facilidad.

Asimismo, en lugar de tratar en un solo discurso de «la fe» en todos los aspectos, sería mejor tratar un día de: «La fe como único medio de salvación», o concretándolo en un tema más breve, *«Salvación por la fe»*, y en otro discurso *«El poder de la fe»*, refiriéndonos, no al acto de fe por el cual recibimos a Cristo como Salvador, sino a la fe constante que obtiene el cumplimiento de las promesas de Dios por medio de la oración.

Como quiera que nuestros públicos son generalmente mixtos, de personas inconversas y de creyentes, es permitido al predicador, en un discurso sobre la salvación por la fe, referirse al final del sermón a la constancia de la fe que nos permite vivir una vida victoriosa como creyentes, hasta el día que entramos en posesión de la promesa de salvación. Pero esto de un modo breve, sin extenderse en aquellas consideraciones que no son el objeto principal del sermón. Asimismo, en un discurso para creyentes, refiriéndonos a la fe que obtiene victorias por la oración, nos es permitido poner, quizá como primer punto de la disertación, que la primera bendición de Dios que alcanzamos por medio de la fe es la salvación del alma, lo que nos permitirá dirigir una llamada a algún oyente inconvertido que pudiera hallarse entre la concurrencia, pasando inmediatamente a referirnos a las otras bendiciones de la vida de fe, con más detalle y extensión.

Nunca hay que olvidar el propósito principal del sermón, que es, en el primer caso, atraer a los inconversos a una fe definida en la obra redentora de Cristo, y en el segundo, alentar a los creyentes a una vida de fe.

Un sermón que abarque completamente los dos aspectos de la fe es imposible, pues todos los sermones deben tener un propósito principal. Tratar de cazar muchos pájaros de un solo tiro es seguro método para no alcanzar ninguno. Asimismo, un sermón que se extiende por igual en dos propósitos diversos no alcanzará ninguno; siempre debe tener un propósito principal, aunque contenga alguna exhortación incidental de otro carácter, la cual debe procurarse relacionar del mejor modo posible con el propósito principal.

SERMON TEXTUAL-TEMATICO

Uniendo lo que hemos aprendido acerca de los sermones textuales y los temáticos, encontraremos que algunos textos se prestan para la construcción de sermones temáticos con la ayuda de otros textos de la Biblia, pero siguiendo un desarrollo muy similar al sermón textual.

En los sermones de esta clase hay por lo general una palabra clave que viene a constituir el tema del discurso. Otros textos bíblicos en los cuales ocurre la misma palabra o idea, son preciosos auxiliares para ilustrar las subdivisiones de tal discurso, aunque otras partes pueden ser ilustradas también con ejemplos o circunstancias de la experiencia humana, y no por un texto bíblico.

Debe evitarse cuidadosamente el uso de textos ilustrativos con profusión excesiva. Nunca deben tomarse textos por la simple razón de que la palabra o idea clave concurre en ellos. Un sermón no es una concordancia de analogías bíblicas. De acuerdo con este principio, jamás deben formularse subdivisiones para poder encajar textos favoritos en un sermón, sino que los textos deben buscarse después de haber formulado las subdivisiones, con el exclusivo objeto de ilustrar el pensamiento que tenemos en mente.

Obsérvense estas instrucciones en el siguiente

EJEMPLO 5.º
BUSCANDO AL SEÑOR
Isaías 55:6

I. *Qué significa buscar al Señor.*

    1.º Es buscar el conocimiento de El: Juan 1:18, 2.ª Corintios 4:6, Juan 17:25-26 y Mateo 11:27.

    2.º Es buscar su favor: Efesios 2:3 y 1:6.

    3.º Es buscar su imagen: Génesis 1:27, Efesios 4:22-24.

    4.º Es buscar su comunión: Colosenses 1:21, 2.ª Corintios 6:16 y Juan 14:23.

    5.º Es buscar su presencia y goce por la eternidad: Mateo 5:8, 1.ª Juan 3:2, Apocalipsis 21:3-7 y 22:3-4.

II. *Cómo debe buscarse al Señor.*

    1.º Conscientes de nuestra absoluta necesidad de El y de los privilegios arriba mencionados.

    2.º Con sinceros deseos de tenerle: Salmo 42:1, 43:1 e Isaías 26:8-9.

    3.º Por medio de la oración: Mateo 7:7 y 6:6.

    4.º Con una búsqueda perseverante.

III. *Cuándo debemos buscar al Señor.*

    1.º Mientras vivimos.

    2.º Mientras gozamos de salud.

3.° En nuestra juventud.
4.° Mientras dura el día de la gracia.

IV. *Su generosa oferta.*

1.° Tendrá misericordia.
2.° Dará abundante perdón: Isaías 55:7.
3.° Nos renovará: Vers. 10 y 11.

(*Adaptado de Charles Simeón.*)

Obsérvese que algunas de las subdivisiones tienen textos ilustrativos y otras no. El mensaje es tan evangélico que fácilmente podrían hallarse textos para cada una de sus subdivisiones, pero los puntos III y IV son tan sencillos que no necesitan textos para su ilustración, y el aplicarlos a cada subdivisión haría el discurso demasiado largo y pesado. Hay casi demasiados en la primera parte.

Quizá podrían suprimirse textos en las primeras secciones y poner otros en las últimas. Como un ejercicio práctico para el estudiante, vamos a poner citas bíblicas adecuadas a estas últimas secciones, pero en desorden, para que el estudiante las coloque en el lugar que a su juicio corresponden: Isaías 55:7. Eclesiastés 12:1. Isaías 65:6. Job 7:4-6. Eclesiastés 7:2. Salmo 111:2. Lucas 11:9.

Notemos que cuando se citan varios textos para un mismo punto, éstos no están puestos en cualquier orden, sino que hay entre ellos un desarrollo de pensamiento. Por ejemplo, en la subdivisión 1.ª «*Es buscar el conocimiento de El*», podemos empezar diciendo, de acuerdo con Juan 1:18, que la búsqueda del Desconocido Invisible ha sido la gran incógnita de la Humanidad; pero no es tanto porque Dios se haya ocultado como porque el diablo ha cegado las mentes de los hombres para no ver a Dios en sus obras. Aquellos que reciben a Cristo son empero los que verdaderamente descubren a Dios según Juan 17:

25-26, ya que Dios tiene que ser buscado más con el corazón que con la mente. Por esto son las personas más sencillas y sinceras, y no los sabios de este mundo, quienes le encuentran más fácilmente (Mateo 11:27). Quien busque este supremo conocimiento lo hallará, por muy humilde e ignorante que sea.

Relacionando estos textos auxiliares, el oyente se siente suavemente introducido en ellos por la argumentación lógica del predicador. Nada hay peor que tratar de ilustrar un sermón con una retahíla de textos bíblicos sin conexión. Es necesario desarrollar el tema de modo que los textos caigan a propósito, como llaves que se aplican a sus cerraduras.

Por otro lado, hay que tener gran cuidado en no caer en el peligro de desarrollar los textos ilustrativos demasiado extensamente, de modo que resulten nuevos sermones. Al desarrollar el subtítulo antes referido con cuatro textos ilustrativos, no debe olvidar el predicador que el tema del sermón es «BUSCANDO AL SEÑOR» y que «El conocimiento de Dios» es sólo un punto subsidiario del argumento principal, que es: la necesidad y conveniencia de buscar a Dios, y que para este punto subsidiario no debe emplear el predicador más que unos breves minutos. Por consiguiente, las frases con las cuales una estos cuatro textos deben ser concisas e incisivas.

Cuando al estudiar una subdivisión le ocurran al predicador una superabundancia de pensamientos, hará bien en anotarlos para otro sermón, que en este caso podría ser sobre el tema «EL MAYOR DESCUBRIMIENTO DE TODOS», o bien «UN CONOCIMIENTO FELIZ», pero de ningún modo debe tratar de hacer de cada subtítulo un nuevo sermón, hasta hacerse cansado al auditorio.

Con el ejemplo del punto primero el estudiante podrá ver fácilmente la relación que existe entre los textos de los subtítulos 3.°, 4.° y 5.°.

Los subtítulos del punto 3.°, por ser tan breves y simples, convendría ilustrarlos con alguna anécdota, lo que daría variedad al sermón.

Véase ese otro bosquejo de sermón textual sintético tomado de un famoso predicador, sin textos ilustrativos, lo que requerirá mayor número de anécdotas.

EJEMPLO 6.°
EL ARREPENTIMIENTO
Isaías 55:7

I. «Necesidad de la conversión».

Algunas personas dudan de tal necesidad, pero ésta resulta evidente teniendo en cuenta:

1.° *La naturaleza de Dios.* — ¿Cómo puede un Dios Santo consentir el pecado o perdonar a pecadores que continúen en su iniquidad?

2.° *La naturaleza del Evangelio.* — Las Buenas Nuevas no son una proclamación de tolerancia del pecado, sino una liberación de él.

3.° *Los antecedentes del Evangelio.* — Tenemos muchos ejemplos de perdón en la Sagrada Escritura otorgado a personas que cambiaron de vida, pero ninguno de perdón concedido a quienes persistieron en el mal camino.

4.° *El propio beneficio del pecador* requiere que abandone el pecado, ya que de otro modo éste dejaría sentir sus efectos.

II. «La naturaleza de la conversión».

1.º Tiene que abandonar su «*camino*». Esto significa:

    a) Su camino natural, en el cual corre de por sí, según su propia tendencia.

    b) Su camino habitual, al cual está acostumbrado.

    c) Su camino preferido, en el cual encuentra los placeres del pecado.

    d) El camino ancho por donde van muchos.

2.º Debe *dejar* o *abandonar* tal camino. Pues no basta:

    a) Reconocer que es malo.

    b) Lamentarse de seguirlo.

    c) Resolverse a dejarlo alguna vez.

    d) Andar con más cuidado en él.

3.º *El pecador debe dejar también «sus pensamientos».*

Esto significa sus opiniones y nociones propias antiescriturales:

    a) Con respecto a Dios; su ley; su Evangelio; su pueblo.

    b) Respecto al pecado; al castigo; a la persona de Cristo; o a su propia persona.

    c) Respecto a su propio orgullo, negligencia, desobediencia y desconfianza.

III. El Evangelio de la conversión.

1.º Una promesa segura: «Tendrá de él misericordia».

2.º Un perdón completo: «Será amplio en perdodonar».

Esta amplitud proviene del Calvario, donde todo el pecado fue expiado. En virtud de tal obra Dios puede ser extraordinariamente generoso para con el pecador de conciencia despierta, sin faltar a su justicia.

Conclusión. — Oh, que el pecador considere la necesidad de un cambio total de pensamiento en lo interior, y de conducta exterior. Si no es completo y radical sería vano. Total y terrible ruina será la consecuencia de seguir en el mal. Que sea ésta la hora crucial de tu vida. Dios dice «vuélvete». ¿Qué te impide hacerlo?

(Adaptado de C. H. Spurgeon.)

IV
Subdivisiones del sermón

Concretando lo dicho en los capítulos anteriores, podemos definir la gestación de un sermón en la siguiente forma:

1. El predicador recibe la inspiración del asunto sobre el cual ha de hablar como un mensaje especial de Dios para sus oyentes; como respuesta a sus continuas oraciones pidiendo a Dios la inspiración de mensajes apropiados a las necesidades espirituales de su público.

2. Encuentra el texto adecuado que define el mensaje. (A veces la inspiración del mensaje viene con el texto, sobre todo si el predicador es un asiduo lector de la Palabra de Dios.)

En otros casos querrá predicar sobre una doctrina bíblica y usará, no uno, sino muchos textos en su apoyo, escogiendo como texto del sermón el que mejor defina el mensaje o doctrina que desea exponer.

3. Concentrará el mensaje en una frase corta que se llama tema.

4. Lo definirá en varias proposiciones o divisiones principales, ya sea usando las palabras o frases más prominentes del texto (sermón textual ilativo), o siguiendo un plan lógico formulado en su mente acerca de los pensamientos que el texto le sugiere (sermón textual-tópico), o bien formará un plan que

no tiene nada que ver con las palabras del texto sino con algún mensaje o doctrina bíblica, para el cual el texto le sirve solamente de introducción (sermón tópico).

5. Escribirá una introducción que despierte la atención y el deseo de los oyentes para escuchar el desarrollo del mensaje. Acerca de esta parte breve pero importantísima del sermón hablamos en un capítulo especial.

Hasta aquí tiene formulado el plan o esqueleto del sermón. Aunque el esqueleto es el armazón o apoyo del cuerpo, no constituye el cuerpo en sí, necesita la carne y los órganos que lo completen. Así el sermón con sólo sus divisiones principales no conseguiría el objeto de salvación o edificación de los oyentes. Algunos de los mismos puntos principales no serían ni siquiera comprendidos por los oyentes si no fueran acompañados de una explicación.

El estudiante habrá notado cómo algunos de los bosquejos que dimos en el capítulo I, que se refiere a las diversas formas de sermón textual, los acompañamos de subdivisiones para hacerlos más comprensivos, mientras otros más claros o simples los dejamos en esqueleto, sin dar de ellos más que las divisiones principales.

El objeto de las subdivisiones es ampliar el sentido de las divisiones principales para que el pensamiento sea más claro y detallado.

Por lo tanto, las subdivisiones deben ser únicamente el desarrollo de la división principal sin salirse de ella y, sobre todo, sin tratar de explicar lo que ha de exponerse más tarde en alguna otra división.

Tomando el bosquejo que hemos tenido en el capítulo I, página 20, podremos desarrollarlo en esta forma:

EJEMPLO 1.°
Tema: *LLAMAMIENTO EFICAZ*
Mateo 9:9

Introducción. — Explicar la historia de Mateo de un modo vivo y dramático. Haciendo énfasis en la prontitud con que Mateo siguió a Cristo. Puntualícese lo que dijimos en la introducción del anterior bosquejo: que una sola palabra bastó para cambiar la vida de este hombre, pero:

Clasificacion

I. *¿Quién es el que hace el llamamiento?*

   1. El Hijo de Dios venido como hombre a la tierra.
   2. El amante Salvador que desea salvar a todos.
   3. El Divino Maestro.
   4. El que sabe lo que hay en el hombre.
   5. El que tiene toda autoridad para invitar y aun mandar.

II. *¿A quién dirige esta exhortación?*

   1. A un hombre avaro y entrometido en negocios mundanos.
   2. A uno despreciado de todo el mundo por su carácter y conducta.
   3. A uno a quien el dinero no había podido satisfacer.
   Aplicación: ¿No hay muchos así hoy día y entre los oyentes?

III. *¿Qué significa seguir a Cristo?*

   1. Seguir su instrucción, sus enseñanzas.
   2. Imitar sus prácticas: oración, asistencia al culto, caridad, etc.
   3. Acompañarle en sus sentimientos y propósitos.

4. Dejar la compañía que no sigue a Jesús.
5. Dejar la ocupación que, por no corresponder con el carácter o métodos de Cristo, no puede ejercerse siguiendo a Jesús.

Aplicación: A las posibles circunstancias de los oyentes (sin entrar en detalles que pudieran tener un carácter personal para alguno de los asistentes, lo que sería fatalmente erróneo y contraproducente. Dejemos al Espíritu Santo aplicar la Palabra).

IV. *Resultados de seguir a Cristo.*
1. Cambio total de vida. No se avergonzó de seguir al Señor.
2. Procuró que otros tuviesen contacto con Cristo.
3. Generosidad. «Convidó a muchos».
4. Recibió uno de los más altos cargos que Cristo podía dar a los mortales, el ser apóstol.
5. Ha sido un medio de bendición por medio de su Evangelio no sólo a sus contemporáneos, sino a todas las generaciones de creyentes.

Conclusión. — ¿No quieres seguir a Cristo hoy y servirle como Mateo para gozar de sus beneficios y ser bendición a muchos?

Las subdivisiones de los dos primeros puntos principales tienen que ver con la historia de Mateo y no requieren aplicación especial a los oyentes; sin embargo, al desarrollar las subdivisiones del primero, el predicador debe pensar en las almas que necesitan un Salvador, al igual que lo necesitó Mateo, y debe hablar con entusiasmo y convicción, aunque lo hará solamente refiriéndose a Mateo, sin hacer invitaciones especiales a los oyentes, pues tales invitaciones sólo en casos excepcionales pueden hacerse en el primer punto del sermón. Sin embargo, debe contar la historia de Mateo, pensando en la impresión que hará en el ánimo de los oyentes inconversos lo que está describiendo como de paso, acerca del amor y deseo del Señor Jesucristo de salvar a los pecadores.

Al terminar el desarrollo de las cuatro subdivisiones del *punto segundo* puede hacerse una aplicación personal, diciendo: ¿No te hallas satisfecho y feliz? Cristo te invita, etc.

En el *tercer punto* casi olvidamos a Mateo, pero no nos apartamos del tema, porque, sin duda, Mateo haría todas estas cosas, sobre todo la 5.ª, que está bien declarada en la narración evangélica.

En las cinco subdivisiones del *punto cuarto* puede observarse una clara gradación que nos permite terminar hablando de la recompensa que Cristo otorga a los que le siguen.

Las subdivisiones deben, pues:

1. Explicar lo que no sea bien claro en la división principal.

2. Demostrar y probar que lo afirmado en la división principal es la verdad.

Algunas veces las subdivisiones son respuestas a las preguntas de las divisiones principales, cuando el método de preguntas ha sido usado al hacer el plan general del sermón.

Veamos un ejemplo de ello en este bosquejo sobre Judas:

EJEMPLO 2.º
Tema: *LA GRAN TRAICION*
Lucas 22:48

I. *¿Quién comete el gran pecado?* «JUDAS». ¿Quién era? Explíquese la dignidad que Jesús le había dado.

Examen

Lo que había experimentado en la compañía de Jesús.

Aplicación: Háblese de la dignidad que el hombre ha recibido sobre todos los seres de la Creación, y sobre del privilegio de haber conocido a Cristo por el Evangelio, mientras millones de seres humanos se hallan en la oscuridad e ignorancia espiritual.

II. *¿En qué consiste este pecado?* «ENTREGAS».

1. Expóngase lo horrendo del crimen. (Abuso de confianza, rechazamiento del amor y advertencias dirigidas durante la última cena.)

2. ¿Cuál es su intento o propósito? (¿El dinero? ¿El rencor por la represión en Betania?)

Aplicación: Jesús dice que el que no es con El es contra El. Aquel que no lo acepta, le entrega; el que no le confiesa, le niega.

III. *¿Contra quién lo comete?* «AL HIJO DEL HOMBRE».

1. Al único hombre puro que había habido.

2. Al amante Salvador.

3. Tu Maestro.

4. Al que conoce todas las cosas.

Aplicación: Todo esto es Jesús para cada alma.

IV. *¿Cómo lo realiza?* «CON UN BESO».

1. Una señal de amistad.

2. Acto de descarada hipocresía.

Aplicación: Muchos serán condenados por sus actos de religiosidad hipócrita. ¿Serás tú uno de ellos?

Examen

EJEMPLO 2.º

Tema: *AMOR AGRADECIDO*

Lucas 7:36 al 50

Las divisiones principales de este tema pueden ser:

I. *Origen de este amor.*
II. *Su manifestación.*
III. *Su resultado.*

Detallándolo por medio de subdivisiones, sería:

I. *Origen de este amor.*
   1. No era egoísta ni carnal. No iba a reportarle ningún provecho material a la pecadora, pues todo el mundo sabía cuán santo y puro era el Divino Maestro y cómo condenaba el pecado (Mateo 6:26).
   2. Era promovido por la fe (vers. 50).
     a) La pecadora creía en el *amor* salvador de Jesús. Había perdonado los pecados del paralítico hacía poco en la misma ciudad (Lucas 5:20). ¿No querría perdonar a ella también?
     b) En su *poder* para perdonar. Los fariseos lo ponían en duda, pero ella no. Tenía sus razones. (Expónganse éstas, basándose en los relatos evangélicos.)

II. *¿Cómo se manifestó este amor al Salvador?*
   1. En un santo valor, porque:
     a) La casa donde entró esta pecadora no era la suya.
     b) Los invitados a la mesa eran de categoría superior.

Examen

    c) El caballero a quien se acercó era un alto personaje a quien todos llamaban el Señor.

    d) El papel que iba a desempeñar en una fiesta era inoportuno y ridículo.

2. En lágrimas de corazón quebrantado, promovidas por:

    a) Su pena y arrepentimiento por lo pasado.

    b) Un humillante servicio personal.

    c) Expresiones del más humilde efecto. Besar los pies.

    d) Una actitud paciente ante la crítica. No se levantó a discutir con el fariseo. El amor a Cristo da paciencia.

III. *Su resultado.*

1. De parte del mundo, desprecios, burlas, insultos. No debemos extrañar que así ocurra siempre.

2. De parte del Señor:

    a) Perdón completo. «Tus muchos pecados». No una parte de ellos, ni un tanto de su culpabilidad dejando el «reato» para ser expiado aquí o en el purgatorio.

    b) Gratitud y elogio de Quien más valor tienen.

    Notemos que hubo para la pecadora:

        1.º Un momento de prueba ante la crítica.

        2.º Un momento de satisfacción y esperanza cuando oyó la defensa del Señor.

        3.º Un momento de gozo supremo cuando escuchó la palabra de perdón (vers. 48).

E x a m e n

c) Confirmación y adoctrinamiento (versículo 50).

1.º Jesús quiso que supiera la razón de su perdón: la fe que había puesto en el poder salvador de Cristo. No era ocasión para revelar aún la doctrina del Calvario; pero, sin duda, la conoció más tarde la pecadora y le hizo amar aún más a su Salvador.

2.º Quiso que descansara en la seguridad de su salvación. «Ve en paz», no a cumplir penosas penitencias.

Conclusión. — ¿No quieres amar a Cristo, confesarle con valor y sufrir el desprecio del mundo para obtener en cambio tan grandes beneficios?

Veamos otro bosquejo:

EJEMPLO 4.º

Tema: LA ELECCION DE MOISES

Hebreos 11:24-26

Introducción. — Puede hacerse de dos maneras:

1.ª De carácter narrativo, refiriendo la historia bíblica, o

2.ª Argumentativa, diciendo a vía de *Introducción:*

En varias ocasiones de la vida se nos presenta la necesidad de hacer elecciones que deciden nuestro porvenir, pero la principal de todas es aquella que tiene que ver con nuestra salvación y el porvenir eterno de nuestra alma. Moisés es un ejemplo de abnegación y del poder que un hombre puede recibir por la fe en Dios cuando se decide a perderlo todo por amor a El.

I. *Lo que Moisés rehusó.*

1. La dignidad de príncipe. Muchos han arriesgado mucho para gozar tal triunfo.
2. Los placeres de la corte. Seguramente eran muy atractivos.
3. Las riquezas. Las había gozado y sabía el bien material que significaban.

II. *Lo que eligió.*

1. Sufrir con el pueblo de Dios. Esto en un tiempo cuando estaban oprimidos por un déspota.
2. Compartir el desprecio que sufría su pueblo, la burla de sus enemigos; quizás en parte motivado por la esperanza que tenían de un libertador prometido a los padres, el Mesías, la Estrella de Jacob. Por esto el apóstol lo llama «el vituperio de Cristo».

III. *El principio decisivo de su elección.*

La fe. Por medio de la fe inculcada por su piadosa madre, Dios le enseñó:

1. A valorar lo mundano. Por eso consideraba las riquezas de Egipto como:
   a) No satisfactorias. ¿Lo son hoy?
   b) Inciertas (ilústrese con alguna anécdota).
   c) Perjudiciales en su influencia. Descríbanse imaginativamente las luchas de conciencia del joven piadoso en una corte corrompida. El resultado fue decidir la huida antes que fuera cogido demasiado fuertemente en los lazos del pecado.
2. A mirar a la remuneración. Esta podía tener dos aspectos:

a) La promesa de libertad y salida de Egipto anticipada por los patriarcas Jacob y José (Génesis 49 y 50:24).

b) La ciudad con fundamentos que esperaban los patriarcas (Hebreos 11:9-16). El Cielo.

Ambas cosas parecían lejanas e improbables y de la segunda tenían menos detalles y garantía que las que tenemos nosotros después de la Venida de Cristo.

Su fe, empero, le hizo valorar estas cosas lejanas por encima de lo presente y tangible. ¿No lo hará con nosotros?

DIVISIONES AMPLIADAS O EXPLICADAS

Para predicadores noveles o muy ancianos, cuando empieza a fallarles la memoria, no será suficiente un bosquejo con escuetas divisiones y subdivisiones, sino que necesitará un poco de desarrollo escrito. Aconsejamos, empero, que éste sea lo más conciso posible para no llevar al predicador a la tentación de leer el sermón palabra por palabra, lo que siempre resta vigor a la alocución, atando al predicador a un manuscrito. El lector encontrará numerosos ejemplos de bosquejos de esta clase en nuestro volumen de *Sermones escogidos,* donde publicamos solamente dos, sobre inauguración de templos, transcritos palabra por palabra, y cuarenta y ocho sobre diversos temas en esta forma condensada, ocupando cada bosquejo a lo más tres páginas, y una, aproximadamente, de anécdotas.

Aquí nos limitaremos a transcribir un ejemplo exprofesamente escogido de otro autor.

Examen

EJEMPLO 3.°
Tema: EL YUGO DE CRISTO
Mateo 11:29-30

Introducción. — El capítulo del cual selecciona-
mos este ejemplo empieza con el mensaje enviado
por Juan a Cristo y la respuesta de Este (vers. 3-6).
Cristo ensalza el carácter de Juan (vers. 7-11) y cen-
sura al pueblo por su menosprecio, tanto del ministerio de Juan como del suyo propio, mostrándoles
los vanos pretextos que presentan para justificarse.
Finalmente profetiza la ruina de Corazín, Bethsaida
y Capernaum, y concluye con esta afectuosa invitación a tales oyentes desaprensivos, que bien pueden
ser tomados como tipo de la Humanidad entera. Consideremos:

I. El yugo que nos impone.

El yugo es un instrumento puesto sobre el cuello
del buey por el cual éste queda sujeto a ciertas res-
tricciones de parte del labrador que le conduce y de
su compañero o compañeros de labor. Cristo usa
esta figura para aplicarla a la religión; e implica:

1) *El yugo de su doctrina.* — Esto significa la su-
jeción de nuestra mente a su enseñanza. La recep-
ción con humildad de las misteriosas doctrinas del
Cristianismo, como la encarnación del Verbo Divino,
la Redención, la Resurrección, etc. Tales doctrinas
eran tropezadero a los judíos y locura a los gentiles,
mas a los creyentes son sabiduría y potencia de Dios.

2) *El yugo de sus leyes.* — Cristo no abolió la ley
moral, sino que la explicó, espiritualizó y amplió.
«Amad a vuestros enemigos» (véase Mateo 5:7). No
hay verdadero discipulado sin obediencia: «Vosotros
sois mis amigos», etc. «Si me amáis, guardad mis
mandamientos.»

3) *El yugo de la cruz de Cristo.* — «Si alguno quisiere ser mi discípulo tome cada día su cruz, etc.» Esto implica mucho: publica profesión de Cristo, negación de sí mismo, si es necesario abandono de amigos, esposa, hijos, casas, bienes, y aun de la misma vida, por causa de Cristo.

II. La lección que nos enseña.

«Aprended de Mí». Esto significa tanto la doctrina que enseña como las reglas que nos impone y los sacrificios que demanda.

Tenemos que aprender de El:

1) *Escuchando sus palabras.* — El es el Profeta Supremo prometido a Israel de quien se dijo: «A El oíd.» Mandato divino enfatizado nuevamente por Dios en Su bautismo.

2) *Imitando su ejemplo.* — Es nuestro modelo perfecto. No nos impone ningún deber que El mismo no haya cumplido en su vida ejemplar. El abrió la senda y nosotros tenemos que seguir sus pasos.

3) *Adoptando su mente y espíritu.* — «Que soy manso y humilde de corazón». Debemos compartir la mansedumbre y humildad de Cristo, pues: «Si alguno no tiene el Espíritu de Cristo, el tal no es de El.» La verdadera humildad suprime el orgullo e imparte un carácter dócil y amable.

III. La bendición que promete.

«Hallaréis descanso para vuestras almas». El reposo corporal es dulce e indispensable. ¡Cuánto más el descanso del alma! Esta promesa incluye:

1) *Descanso de la servidumbre del pecado.* — No existe labor más severa o cruel, ni acompañada de mayor miseria, que la del pecado. Esclavitud de Satanás. Vasallaje de su maldito imperio.

2) *Descanso de la inquietud interior.* — «Los impíos son como la mar en tempestad, que no puede estarse quieta». «No hay paz, dice mi Dios, para los impíos, sino temor y constante recelo»; pero «Justificados, pues, por la fe, tenemos paz para con Dios». Por esto el alma puede cantar:

> *Oí la voz del Salvador*
> *Decir con tierno amor:*
> *Ven, ven a Mí, descansarás,*
> *Cargado pecador.*
> *Tal como era, a mi Jesús,*
> *Cansado, yo acudí,*
> *Y luego dulce alivio y paz,*
> *Por fe, de El recibí.*

3) *Eterno reposo en el Cielo.* — Queda un reposo para el pueblo de Dios. De los trabajos, conflictos, tristezas, cruces, sufrimientos, etc. Reposo constante y eterno (Apoc. 14:13). Para persuadir a los pecadores a aceptar esta invitación observad:

IV. El motivo que aduce.

«Pues mi yugo es fácil y ligera mi carga». Así, es:

1) *Contrastado con el yugo del pecado.* — ¿Qué fruto teníais de aquellas cosas de las cuales os avergonzáis? El yugo del pecado está lleno de amargura y su paga es «muerte».

2) *Comparado con las prácticas religiosas del paganismo.* — Por lo general están llenas de crueldad. Tales sistemas religiosos se hallan escritos con la sangre de sus adoradores. Niños inmolados, viudas quemadas, torturas de los faquires y santones. El yugo de Cristo, en cambio, está lleno de misericordia, bondad, paz y pureza.

3) *Comparado con las prácticas de la dispensación judía.* — Aunque de divino origen, como Dispensación preliminar a la Cristiana, era, sin embargo, lo que Pedro llama: «Yugo que ni nosotros ni nuestros padres hemos podido llevar.» Por sus numerosos servicios, sacrificios, purificaciones, oblaciones, etcétera, y por la severidad de su ley moral: «Ojo por ojo y diente por diente.»

4) *El yugo de Cristo es, en cambio, fácil por sí mismo.* — Nada irracional, nada degradante u opresivo se encuentra en su doctrina. «Sus mandamientos no son penosos». Amar a Dios, creer en Jesús, obedecer las leyes divinas y la dirección del Espíritu Santo; ser lleno de frutos de bondad, etc.

5) *Es fácil por la ayuda que al aceptarlo nos es otorgada.* — «Yo estoy con vosotros todos los días», promete Cristo al partir. Su presencia infunde fortaleza y consuelo por su Santo Espíritu. (Cítense ejemplos de mártires.) «Bástate mi gracia» fue dicho a un hombre que pasó muchas tribulaciones en el servicio de Cristo, el cual pudo por su parte exclamar: «Todo lo puedo en Cristo que me fortalece.»

Aplicación: Exhortad al esclavo del pecado acerca de la necedad y locura de continuar en su penosa vida de pecado.

Invitadle a probar el suave yugo de Cristo.

Animad a los discípulos de Cristo a «seguir al Cordero por dondequiera que fuere», imitando sus virtudes.

(Trad. de *Sketches and Skeletons of Sermons,* por *J. Burns, D.D.*)

Nótese en este ejemplo de un gran maestro varios rasgos que hemos señalado en la parte teórica de este manual:

1.º El sermón es en su planteamiento de carácter textual ilativo.

2.º El exordio o introducción es del contexto. El doctor Burns tiene una preferencia especial por las instroducciones contextuales. Permítasenos decir que éstas son siempre las más fáciles y ricas en enseñanza, pero no las recomendamos en todos los casos. El predicador que teniendo que ·dirigirse a un mismo auditorio le diera siempre introducciones del contexto llegaría a hacerse monótonamente pesado. Como explicaremos en el capítulo VIII, hay otras formas de introducción más atractivas para despertar vivamente el interés del público desde el mismo principio del mensaje.

3.º Este sermón es, empero, en su desarrollo, un sermón textual-analítico, porque hay una frase en cada división principal que analiza, o presenta en otras palabras que las del propio texto, la verdad que expresan las frases textuales una tras otra.

4.º La conclusión, o aplicación, como lo denomina el Dr. Burns, es múltiple, conteniendo tres puntos. Ello es posible por tratarse de un texto largo y un sermón bastante extenso. Un texto más breve, raramente permite varias conclusiones.

5.º Digamos, finalmente, que este bosquejo, de un autor clásico y maestro de Homilética del siglo pasado, resulta demasiado extenso para nuestra época moderna. El predicador de nuestro tiempo que quisiera adaptarlo literalmente podría dar muy poco desarrollo a cada parte. Esto ocurre también con nuestro propio volumen de *Sermones escogidos,* preparado para predicadores noveles en tiempos de persecución, cuando los fieles se reunían por las casas, llenos de fervor espiritual, y no se sentían muy satisfechos si el sermón se circunscribía a una sola hora. Era necesario, pues, extender el mensaje por toda clase de ramificaciones en cada punto y enriquecerlo con muchas anécdotas. Pero ello da posibilidad al predicador actual a escoger lo mejor. Siempre es preferible en un bosquejo ajeno que nos proponemos adaptar, que haya exceso de material, que falta, para poder escoger y omitir lo menos interesante, dando paso a pensamientos propios basados en aquellos puntos o proposiciones que más nos han llamado la atención. El autor · tiene que confesar que ha adaptado muchos sermones de Spurgeon en sus 45 años de predicador, pero omitiendo las nueve décimas partes del material, conservando tan sólo las divisiones principales y algunos pensamientos clave.

V

Buscando material para el sermón

Muchas veces, los estudiantes de Homilética han dicho que ocurre con los bosquejos como con el huevo de Colón. Son muy fáciles cuando se ven escritos en la pizarra, pero lo difícil es que a uno se le ocurra el plan a desarrollar, y una vez obtenido éste, queda la dificultad de llenarlo con ideas interesantes. ¿Cómo lo haremos para hacer surgir ideas acerca de un texto en nuestras mentes?

La primera y más sencilla de las formas es sometiendo el mismo a un bombardeo de preguntas prácticas.

Supongamos que el texto es Romanos 1:16. Antes de proceder a ningún plan sobre este texto, el estudiante puede preparar copioso material sometiéndole a las siguientes preguntas:

Sobre el texto en general.

¿Cuándo fueron escritas estas palabras? ¿En qué población? ¿Por quién? ¿A quiénes fueron dirigidas? ¿De qué estaba hablando el escritor? ¿Qué objeto se proponía al escribir este texto?

Respecto a las palabras.

¿Por qué dice no me avergüenzo? ¿Por qué dice potencia? ¿Qué significa salud? Búsquense otros textos donde salud significa salvación.

EJEMPLO: Hechos 4:12. Romanos 10:10. Hebreos 1:14. Hebreos 2:3. 1.ª Pedro 1:5. Judas 3.

¿Quién era el judío? ¿Quién era el griego? ¿Por qué nombra dos pueblos?

Respecto a las frases.

¿Cuántas hay en este texto? ¿Dónde hallaré aclaración sobre la palabra salud? ¿Dónde hallaré aclaración de que el Evangelio es poder?

En la Biblia: Zaqueo. La pecadora. El carcelero de Filipos.

En la historia: Recuérdese algún caso o anécdota.

¿Qué otros textos extienden la invitación a «todo aquel»? Juan 3:16.

Respecto a sí mismo.

¿Peco yo de avergonzarme? ¿Recuerdo algún caso que lo haya hecho?

¿He dudado del poder de Dios para convertir a alguien?

¿He de buscar primero los que están más cerca o los que están más lejos en mis trabajos? ¿Me dedicaré sólo a una clase?

Respecto a los oyentes.

¿Qué verdades he de inculcar a los creyentes? R. Las que me he aplicado a mí.

¿Y a los no creyentes? La realidad de un Evangelio que se ha demostrado tan poderoso.

La necesidad de creer para tener salvación. La inutilidad de las obras para salvar. Lo que hacían los judíos. La inutilidad de buscar a Dios en la filosofía natural sin revelación.

ARREGLO DEL BOSQUEJO

Puedo hacerlo de dos modos: Por el método textual-ilativo o por el temático.

Si lo hago temático, ¿sobre qué palabra lo basaré?

Hay tres frases en el texto que sugieren interesantes temas, los cuales son:

1.º No me avergüenzo.
2.º Del Evangelio de Cristo.
3.º Porque es potencia de Dios.

Y pueden formularse así:

1.º El deber de no avergonzarse.
2.º El Evangelio, poder de Dios.
3.º Salvación para todo hombre.

Respecto a las ilustraciones.

¿Qué puntos conviene ilustrar? Especialmente: «avergüenzo» y «poder».

Respecto a la introducción.

¿Cómo haré el exordio? De dos maneras:

1.ª Relacionándolo con el proyecto del viaje a Roma.

2.ª Explicando el humilde origen del Evangelio y su triunfo sobre el mundo judío y gentil.

¿Qué luz echa el contexto sobre el texto?

El vers. 14 ilustra la disposición de Pablo para anunciar el Evangelio a todo el mundo. La absoluta depravación descrita en los vers. 21 al 32 ilustra el poder del Evangelio para salvar a tan corruptos pecadores.

El vers. 18 declara la necesidad de la salvación.

La respuesta a todas estas preguntas ofrece muchísimo material para hacer un buen sermón. Probablemente más que el que el estudiante podrá incluir en una sola disertación y puede ya proceder al arreglo del bosquejo en alguna de las indicadas tres formas.

EJEMPLO 1.°
EL DEBER DE NO AVERGONZARSE
Romanos 1:16

Introducción. — Siempre ha sido difícil confesar a Cristo, en otros tiempos a causa de la persecución; hoy día en que este motivo de temor ha casi desaparecido, la obra de Dios es detenida por temores mucho menos fundados: el de la opinión pública, posible pérdida en los negocios, de prestigio o de fama. El apóstol tenía en contra suya motivos de toda índole; sin embargo, está dispuesto a avanzar en vez de retroceder. Consideremos:

I. *De qué no se avergonzaba el apóstol.* — Del Evangelio, Buena Nueva del perdón de Dios. ¿Qué motivos aparentes tenía para avergonzarse?

1.° Era una religión nueva, sin tradición.

2.° Despreciada de los sabios y poderosos de su tiempo.

3.° Perseguida en muchas partes: Hechos 28:23.

4.° Profesada por los más pobres y humildes: 1.ª Corintios 1:27.

5.° No siempre honrada por sus mismos seguidores: 1.ª Corintios 6:6.

6.° Vilipendiada y calumniada de muchas maneras.

II. *Por qué no se avergonzaba.* — A pesar de todo lo dicho, no tenía temor ni vergüenza de esta doctrina, porque *era poder de Dios:*

1.° Para persuadir y convencer: Hebreos 4:12.

2.° Para dar salvación: Romanos 8:1.

3.° Para regenerar y transformar: 1.ª Corintios 6:11.

4.° Para dar herencia eterna: Juan 1:12.

Por eso era el Evangelio su mayor gloria: Gálatas 6:14.

EJEMPLO 2.°

SALVACION PARA TODO HOMBRE
Romanos 1:16

Introducción. — El mensaje del Evangelio es universal. No conoce fronteras ni razas. Las religiones paganas solían tener un carácter nacional, pero el Cristianismo es para el mundo entero. No podía ser de otro modo por ser de Dios.

Nadie lo comprendió mejor que el apóstol San Pablo cuando luchó para desligarlo de los prejuicios nacionales del judaísmo (Romanos 9:30 y 31).

Es un mensaje universal.

I. *Por su origen.* — «De Dios».

1.° Dios es Creador de todos: Hechos 17:26.

2.° Dios es Señor de todos. En El no cabe parcialidad: Hechos 10:36.

3.° Quiere ser Padre de todos: Juan 1:12.

II. *Por su maravilloso carácter.* — «Poder de Dios».

1.º Otras religiones han sido impuestas por medios humanos.

   a) Por la espada (El Islam).
   b) Por la influencia política (Budismo y Shintoisismo).
   c) Por humana persuasión (Filosofía platónica, Confucionismo).

2.º El Cristianismo lo fue por:

   a) Milagros evidentes: Hebreos 2:4.
   b) Operaciones del Espíritu Santo. No sólo en los tiempos apostólicos, sino en nuestros días. Su obra regeneradora no ha sido estéril en ninguna raza ni pueblo. (Ilústrese con anécdotas misioneras.)

III. *Por su admirable medio de adaptación.*—«A todo aquel que cree.»

El método por el cual Dios quiere regenerar y salvar a las almas está al alcance de todos:

1.º De los indoctos como de los sabios.
2.º De los pobres, sin que los ricos se hallen excluidos.
3.º De los enfermos e inválidos como de los sanos, pues no requiere esfuerzo físico.

No podía haber medio tan adecuado como la fe. No hay otro más sencillo; sin embargo, no hay otro que honre más a Dios e influya más en el propio carácter humano.

IV. *Por lo universal de la necesidad que suple.* — «Al judío primeramente y también al griego».

1.º Incluye las dos clases religiosas en que desde el punto de vista judío se hallaba dividida la Humanidad. El apóstol demuestra que ambas se hallaban debajo de pecado (Romanos 3:21-31).

2.º El se consideraba deudor de todos: Romanos 1:14. ¿No lo somos nosotros también?

3.º En nuestros días podemos aplicar la designación de:

    a) *Judíos,* a los que tienen fe y conocimiento de Dios, pero equivocados.

    b) *Gentiles,* los ateos y paganos.
    Los primeros se hallan muy cerca del Reino, pero están igualmente expuestos a perecer si rechazan el divino mensaje.

Conclusión. — ¿Permitirás que el Evangelio salve a otros y no a ti? (Mateo 8:11).

EJEMPLO 3.º

EL EVANGELIO, PODER DE DIOS

Romanos 1:16

Introducción. — Hay una diferencia esencial entre el Cristianismo y las religiones humanas. Estas proceden de los hombres y necesitan apoyarse en el poder humano (Mahometismo, Budismo, Catolicismo), pero el Evangelio ha triunfado a través de todos los poderes humanos. Ni cadenas, ni potros, ni circos, ni hogueras han podido detener ni impedir el anuncio de la Buena Nueva. Porque:

I. *El Evangelio es poder de Dios.*

    1. No es de carácter físico. Dios ha intervenido raramente con poder físico en la era cristiana para que la prueba de la fe fuese perfecta.

    2. Pero en su triunfo el Evangelio ha demostrado poder espiritual, pues muy pronto habría desaparecido de la tierra de no ser un poder sobrehumano.

a) A causa de su humilde origen: Un carpintero de Nazaret, doce pescadores y y artesanos.

b) Por tener a tantos poderes en contra.

Sin embargo:

a) Triunfó rápidamente en los primeros siglos. (Dicho de Tertuliano: «Somos de ayer y llenamos el mundo».)

b) Por los admirables frutos que ha producido en todos los tiempos.

II. *Es un poder benéfico.* — «Dar salud».

1. Hay en el mundo poderes que tienden a la destrucción: los vientos, el fuego, el rayo. Dejados los elementos de la Naturaleza a su arbitrio, al acaso, sin ser ordenados y controlados por un Poder Supremo, darían como resultado inevitable el caos. Este Poder se ha hecho tan evidente como benéfico en el orden físico. ¿No lo será en el orden moral? ¿Ha de triunfar el mal moral en el Universo?

2. El Evangelio es este poder moral que el mundo necesitaba.

a) Para persuadir y redargüir de pecado.

b) Para transformar los individuos: 2.ª Corintios 6:11.

c) Para sostener y dar valor en las pruebas y en la muerte: Filipenses 4:13.

III. *Es un poder que debe ser recibido y asimilado.*

Los vientos, la electricidad, son poderes latentes en la Naturaleza, pero que deben ser asimilados por medio de aparatos adaptados a sus leyes (molino de viento, dínamo).

El medio o conducto para obtener toda bendición divina es la fe.

1. Fe en Cristo como Hijo de Dios.
2. Fe en la eficacia de su Obra Redentora.
3. Fe en su disposición para salvar inmediatamente y de un modo completo.
4. Fe en sus infantiles promesas para el tiempo y la Eternidad.

Se ha comparado la fe al conmutador eléctrico que trae la poderosa corriente de todos sus bienes y beneficios al que hace uso de ella.

IV. *Es un poder suficiente para alcanzar a los más alejados como a los más cercanos.*

1. Al judío.
2. Al griego.

(Véase apartado 3.º del punto IV del Ejemplo 2.º.)

En estos tres bosquejos sobre un mismo texto hay mucho material que puede ser intercalado con provecho del uno y al otro. Por ejemplo: En la exposición que se hace del Evangelio como poder en el punto II del Ejemplo 2.º hay algo que puede ser dicho en el apartado 2.º del Ejemplo 3.º, y viceversa; pero el sermón debe ser preparado con algún plan, haciendo énfasis sobre un asunto especial, y no debe pretenderse decirlo todo en un solo sermón. Con trabajo y esfuerzo puede ampliarse cualquier bosquejo de modo que llene todo el tiempo del sermón, y con frecuencia más del que disponemos, sin necesidad de salirse del plan del sermón.

Se ha dicho que los dos elementos indispensables para la composición de un sermón son: *material y*

plan. A veces puede tenerse mucho material sin plan,
y otras veces se tiene un magnífico plan sin que de
momento aparezca todo el material que podemos y
debemos usar, pero éste va viniendo poco a poco,
dando lugar a los puntos subsidiarios si tenemos un
buen bosquejo de puntos principales y deseos de tra-
bajar sin cansarnos hasta obtener un adecuado mensaje para las almas, fácil de comprender y retener
por su lógica ordenación.

VI

Sermones expositivos

Se llama sermón expositivo al que toma como texto un largo pasaje bíblico. Los antiguos padres de la Iglesia llamaban a tales sermones «Homilías»; de ahí la palabra «Homilética», que se aplica al arte de preparar sermones religiosos.

Los sermones expositivos pueden estar basados sobre:

Un capítulo de la Biblia.
Una historia o parábola.
Una serie de versículos que desarrollan un pensamiento especial.

Tomar todo un capítulo de la Biblia para un sermón, meramente por seguir la división de capítulos, no es recomendable. Hay capítulos que sirven para tal objeto porque contienen un solo mensaje, pero hay otros que contienen materias tan diversas que, al querer comentar todo el capítulo, además de exponerse el predicador a predicar un sermón demasiado largo, corre el riesgo de que por la diversidad de materias borre con las últimas la impresión de las primeras sobre la mente de los oyentes. Solamente en una serie de estudios bíblicos en los cuales venga comentándose algún libro de la Biblia es admisible predicar sobre capítulos, y aun en tales casos es necesario no sujetarse a tal división, sino a los asuntos que se tratan en cada capítulo, predicando un sermón sobre aquel grupo de textos que desarrollan un asunto. Esto es bastante difícil, especialmente en las epístolas de San Pedro y de San Juan y también en algunas porciones de las cartas de San Pablo. En tal caso debe procurarse agrupar aquellos textos que presentan un lazo de relación entre sí por alguna palabra o idea común, como tendremos ocasión de ver. No obstante, se encuentran bastantes capítulos en la Biblia que ofrecen material para un solo sermón.

SERMONES NARRATIVOS

La mayor parte de los sermones expositivos suelen basarse sobre historias bíblicas o parábolas.

Lo primero que tiene que hacer el predicador para preparar un sermón de esta clase es leer el relato con suma atención, anotando los hechos que más le interesen o contengan alguna aplicación práctica.

1. Formule preguntas relacionadas con el hecho, como, por ejemplo: ¿Por qué pronunció Jesús esta parábola? Probablemente hallará la contestación en el contexto.

¿Qué enseñanzas hay para los creyentes? Trate de aplicar en los detalles o en la totalidad del pasaje.

¿Qué enseñanzas hay para los creyentes? Trate de aplicar el pasaje a su propio corazón y piense en las necesidades espirituales de su congregación a la luz del pasaje leído.

2. Anote las palabras principales de la narración y busque su significado espiritual. Por ejemplo: Si se trata de la parábola del sembrador, las palabras clave serán: sembrador, semilla, terreno, espinas,

pedregales, aves, enemigo. Pregúntese y responda qué significado puede tener cada una de ellas en el terreno espiritual.

Si se trata de una historia del Antiguo Testamento como, por ejemplo, la de Naamán, las palabras clave serán: lepra, profeta, criados, rey, Jordán, limpio, etc. Y, aplicando el sistema de preguntas, tendremos:

¿Qué es la lepra? ¿Qué representa la lepra? ¿Quién era el profeta? ¿A quién puede representar? Y así a cada uno de los personajes. Además puede preguntarse: ¿Qué aprendemos de la conducta del profeta? ¿Y de la del rey? ¿Y de los criados? ¿Y de la sirvienta? Con las respuestas a todas estas preguntas tendremos bastante material acumulado para un sermón, pero estará desordenado.

Antes de entrar en las aplicaciones del sermón, se procura referir la historia en un lenguaje vivo y dramático, sobre todo si hay en la congregación personas que nunca la han oído.

Al explicar la historia puntualice los detalles sobre los cuales quiere basar aplicaciones espirituales, por ejemplo: Lo incurable de la lepra, pues después tendrá que decir que el pecado es una enfermedad incurable; el error de Naamán acudiendo a una alta recomendación, pues ello le servirá para combatir la mediación de los santos; la sencillez del método de curación recomendado, pues luego tendrá que hablar de lo sencilla que es la salvación por la fe, etcétera. Pero resista la tentación de explicar la aplicación mientras cuenta la historia.

Después podrá formular la aplicación en la siguiente forma o parecida:

Ejemplo 1.º

Tema: *EL ERROR DE NAAMAN*

2.º *Reyes* 5

I. *La terrible enfermedad del pecado.*
   a) Aplíquese a grandes y pequeños.
   b) Es inherente al hombre caído.
   c) Trae infaliblemente un desastroso fin.

II. *El remedio infalible:* El sacrificio de Cristo.
   a) Advertido por el testimonio personal.
   b) Definido por los servidores de Dios.

III. *Métodos erróneos para conseguirlo.*
   a) No por dinero. Véanse Mateo 10:8; Hechos 8:20; 1.ª Pedro 1:18.
   b) No por influencia: Juan 2:4; 1.ª Timoteo 2:5.
   c) Considerar otras cosas tan buenas o mejores que lo que Dios ha revelado. Abana, Pharphar —religiones humanas, moralidad.

IV. *El método indispensable.*
   a) Escuchar el mensaje con humildad.
   b) Creerlo de corazón.
   c) Obedecer sin excusas y de un modo completo.

Se pueden hacer también sermones expositivos yendo directamente a las aplicaciones del hecho sin referir la historia. Dicho método es recomendable cuando el tiempo es muy limitado y se está hablando exclusivamente a creyentes que conocen la historia sobradamente, pero el primer método es más recomendable si el predicador es un buen narrador y sabe poner colorido a la historia, refiriendo detalles que no están en la narración bíblica, pero que pudieran ocurrir con toda probabilidad.

El autor tuvo el privilegio de oír al Dr. Billy Graham predicar en Winona Lake ante unas 20.000 personas, la mayoría de las cuales eran cristianas, sobre la conocidísima historia de Daniel en el foso de los leones. El gran orador pintó con tan vivos colores el desespero del rey, accionando con las dos manos, cogiéndose con ellas la cabeza, en contraste con la tranquilidad de Daniel que suponía escogiendo al león más gordo y haciéndolo acostar para reclinar su cabeza sobre el mismo como almohada, que todos nos deleitamos escuchando una historia conocidísima como si fuera nueva. Lo más admirable del caso es que supo componer el sermón de tal forma que, sin forzar las aplicaciones de la historia, contenía un claro mensaje evangelístico, y cuando hizo un llamamiento final, unas 300 personas acudieron a la plataforma, muchas de ellas llorando, para testificar su aceptación de Cristo como Salvador personal.

Sin embargo, el predicador debe tener mucho cuidado, sobre todo si es joven y novel en el arte de predicar, de no forzar su imaginación de tal modo que pinte la historia con colores extraños, añadiendo detalles inverosímiles. Hay que evitar describir a Noé, como hizo cierto predicador, a la puerta del Arca leyendo la Biblia.

He aquí otro bosquejo sintético de un sermón narrativo sobre una historia bien conocida del Nuevo Testamento.

EJEMPLO 2.°

EL HALLAZGO DEL RICO PUBLICANO DE JERICO. Lucas 19:9

I. *Impedimentos.*

1. Una dificultad popular: Publicano.
2. Una dificultad moral: Pecador.
3. Una dificultad financiera: Rico.

II. *Ventajas.*
1. Tenía un gran deseo de ver a Jesús.
2. Hizo un gran esfuerzo para verle.
3. Tenía voluntad de obedecer a Jesús.

III. *Resultados.*
1. Una gran confesión.
2. Una gran restitución.
3. Una grande ·verdad proclamada (vers. 20).

(C. L. Trawin)

Este esqueleto requerirá una introducción adecuada, según se explica en el capítulo VIII de este libro, y que se redondee cada punto, explicando lo que era un publicano; así como, usando un poco la imaginación, conviene referirse a los pecados de Zaqueo. Hágase notar la paradoja de que en los asuntos humanos la mayor dificultad es la pobreza, pero en los espirituales suele ser la riqueza.

La parte de aplicación evangélica a los oyentes puede basarse muy bien en el último subtítulo y en el texto en que se apoya. De esta manera el sermón terminará del modo propio y lógico de los sermones evangelísticos, con una invitación a los pecadores y una llamada al corazón.

EJEMPLO 3.°
LIBERACION DEL LAGO CENAGOSO
Salmo 40:1-6

I. *El lago cenagoso es el mundo.*
  a) El pecado ha atascado nuestros pies desde nuestra misma infancia. Nos hundimos en acciones y palabras malas y la muerte física y espiritual nos amenaza. ¿Qué podemos hacer?

b) Tratar de salvarnos a nosotros mismos: Tarea inútil.

c) Clamar al que puede salvarnos: «Oyó mi clamor».

II. *Cristo es el Salvador poderoso que levanta al caído.*

La encarnación del Verbo, es Dios «inclinándose», bajándose para acercarse al pecador.

III. *Su salvación es firme y segura.* — «Puso mis pies sobre peña». Vers. 2.

IV. *El Salvador se complace en guiar a los salvados por el camino que El anduvo.* — «Enderezó mis pasos».

V. *Pone en sus labios una canción nueva.*

La vieja era: «¡Ay! ¡Ay! ¡Socorro!» La nueva es: «Alabanza a nuestro Dios» (Apocalipsis 5:9).

VI. *Resultados del proceso de salvación.*

a) Verán esto muchos.

b) Temerán.

c) Esperarán en Jehová.

La imaginaria historia de un hombre hundiéndose en el cieno ha de ser solamente una ilustración, y sería un pecado contra el respeto que nos merece la Biblia decir que ocurrió literalmente al rey David. Evidentemente, el autor no tiene en vista nada más que su experiencia moral.

Siempre al añadir detalles a las historias bíblicas debemos proceder con sumo cuidado para distinguir lo que está referido en la Biblia y lo que es imaginación del predicador. Nunca deben darse tales ideas como si fuesen de la Biblia, sino que debemos distinguirlas con un «probablemente...», «podemos suponer...», «es posible que...», «podía ocurrir que...», y nunca hacer una afirmación concreta que no se

Lunes
01-14-08

halle contenida en las Sagradas Escrituras. La primera cualidad del predicador es ser veraz.

METODO ANALITICO

El sistema mayormente empleado en la clase de sermones llamados expositivos es el método simple, que consiste en comentar versículo por versículo. Este sistema, generalmente usado por los predicadores sin estudios, es también empleado por los grandes expositores de la Palabra de Dios. ¿La razón? Pues que es el método que permite sacar más provecho de la porción que se estudia, ya que con él se analiza cada frase, cada sentencia, cada palabra, sin dejar nada por exprimir en consideraciones y comentarios.

El predicador sencillo lo encuentra maravilloso. No hay que preparar sermón alguno, ni bosquejo, con este sistema, sino tan sólo meditar cada versículo. Cuando se han terminado los pensamientos referentes a una frase se procede a la siguiente; sin embargo, este sistema puede hacerse muy pesado a los oyentes, sobre todo si éstos no son personas muy fervorosas, y el predicador es pobre de expresión y de conocimientos.

Pero puede resultar maravilloso si el predicador sabe ir de un texto a otro del modo debido, pues también este método más sencillo tiene su arte y sus reglas.

Al exponer así la Sagrada Escritura es necesario no pasar bruscamente de un texto al siguiente o de una frase a otra del mismo texto, sino que conviene relacionarlos.

a) *Por contraste.* Por ejemplo, si estamos comentando del Evangelio diremos: «El Señor nos declara en la frase anterior tal o cual cosa; ahora nos dice esto», haciendo notar la relación, diferencia o avance de pensamiento que hay entre ambas frases.

b) *Por inferencia de lo no expresado,* pero que se adivina o trasluce en el pasaje entre líneas. Las frases más diversas pueden ser relacionadas de esta forma si el predicador es un pensador ágil. Rogamos al lector que lea el pasaje Juan 5:37 al 45. A primera vista le parecerá que el discurso de Cristo cambia completamente de sentido en cada texto de la porción leída. Puede, naturalmente, comentarlo así, separadamente, haciendo como un pequeño sermón para cada texto. Sin embargo, por buenos que sean tales sermoncitos resulta desorientador para la mente de los oyentes oírlos juntos uno tras otro sin conexión alguna entre sí.

Pero puede darse cohesión a estos pensamientos, al parecer tan diversos, preparando un sermón expositivo bajo un tema en la siguiente forma:

EJEMPLO 3.°

LAS CREDENCIALES DE CRISTO

Juan 5:36 al 45

Vers. 36. — El Señor está hablando del testimonio de Juan, a quien los judíos enviaron a preguntar si era él el Mesías (véase Cap. 1; 19). Pero éste, en lugar de testificar de sí mismo, habló en favor de Cristo (Cap. 1, vers. 29). Los judíos orgullosos no lo creyeron, sino tan sólo algunos pocos discípulos; por esto Jesucristo les señala en cuanto a sí mismo un testimonio superior, el de Dios.

Vers. 37. — Ahora bien, la pregunta que ellos y cualquiera se haría es: «¿Pero qué garantía tenemos de que Dios ha señalado a un humilde artesano de Nazaret como el Mesías?» Si pudiéramos ver a Dios u oír su voz haciéndonos tal declaración, bien, pero no hay tal cosa como esto. A este escepticismo alude la segunda parte del versículo.

Vers. 38. — Dado el modo en que Dios se revela hoy al mundo, el que no tiene el Espíritu de Dios en su corazón no sabe percibir el mensaje de Dios en la boca de sus mensajeros. Esto observamos cada día en nuestros servicios religiosos y ocurría igualmente en los días de Cristo. Sólo los que viven más cerca de Dios descubren y entienden por intuición espiritual lo que Dios quiere revelar a sus almas, por medio de sus siervos.

Vers. 39. — Pero las profecías de la Sagrada Escritura son un testimonio evidente, aun para el que no tiene la intuición espiritual, con tal que tenga buena voluntad. Por eso Cristo les invita a escudriñarla, para que se persuadan de que lo que las Sagradas Escrituras dicen acerca del Mesías que había de venir, estaba cumpliéndose en su persona.

Vers. 40. — El resultado de tal estudio sería la vida eterna, pero no por el mero hecho de leer la Biblia como un libro mágico, sino solamente en el caso de que como resultado de tal estudio naciera en ellos una fe sincera que les hiciera aceptar a Cristo de un modo libre y espontáneo.

Vers. 41. — Este reconocimiento no aprovecha al mismo Cristo, ya que aquel a quien adoran las criaturas celestes no necesita la poca gloria que podemos darle.

Vers. 42. — Pero Él se goza de ver el amor de Dios reflejado en el corazón de los hombres hechos a su imagen. Cuando falta este amor todo está perdido.

Vers. 43. — La locura humana consiste, empero, en esto precisamente:

a) Rehúsa glorificar a Dios y da la gloria a criaturas humanas (santos, papa, héroes, ídolos nacionales, etc.).

Vers. 44. — b) Este gran error es fomentado por el humano orgullo, que procura obtener el honor para sí o para su grupo. (Mucho del honor que se da a los santos canonizados en çada época es fomentado por el orgullo patriótico, de orden religioso, etcétera. Ejemplo: Juana de Arco y muchos otros.)

Vers. 45-47. — La Palabra de Dios será, empero, el juez infalible que juzgará a los que se han extraviado de tal modo. ¡Qué desengaño para los judíos cuando se den cuenta de que les condena aquel a quien ellos idolatraban como su gran legislador y Caudillo!

¡Qué desengaño para muchos católicos cuando la bendita Virgen María pueda hablarles, no según la ilusión de los que hoy pretenden tener visiones, sino según ella es y piensa en verdad, lo cual conocemos por las enseñanzas del Evangelio!

Conclusión. — Nadie sino Cristo tiene credenciales divinas. Aceptémosle y dejémonos guiar sólo por El.

Cualquier predicador inteligente sabrá desarrollar estos puntos mucho más allá de lo aquí sugerido; pero el breve comentario que damos ofrece la clave para unir y relacionar estos versículos entre sí, haciéndolos la base de un sermón compacto. Nótese, empero, que para hacerlo así es indispensable tener un tema, y el de *Las credenciales de Cristo* es el mejor que corresponde a este pasaje.

Supongamos que el capítulo a comentar es 1.ª Pedro 1. También allí hay materiales diversos. ¿Cómo vamos a unirlos? En algunos casos es casi imposible, hay una brecha insalvable entre versículo y versículo; entonces convendrá agrupar el texto, o el grupo de textos que sigue, bajo otro título, y así sucesivamente, formando tantos sermones como pasos infranqueables encontramos entre versículo y versículo.

El análisis de 1.ª Pedro 1 nos da cuatro temas.

I. La esperanza de los peregrinos: Vers. del 1 al 9.

II. El misterio escondido a los profetas: Vers. 10 y 12.

III. Exhortación a la santificación: Vers. 13 al 22.

IV. Permanencia de la Biblia: Vers. 23 al 25.

Tratemos ahora de desarrollar algunos de estos temas.

EJEMPLO 4.º

LA ESPERANZA DE LOS PEREGRINOS

1.ª Pedro 1, del 1 al 9

Vers. 1. — El apóstol Pedro parece dirigirse a sus propios discípulos que creyeron a la palabra en el día de Pentecostés. Los comentadores difieren si el calificativo de extranjeros se refería a su calidad de tales, como judíos de la dispersión en el mundo gentil, o a la condición de extranjeros en que nos hallamos situados todos los cristianos en un mundo que no conoce al Señor ni obedece sus leyes.

Vers. 2. — Si somos extranjeros entre el mundo es por haber sido elegidos por la presencia de Dios para ser sus hijos. Sin embargo, tal presciencia implica nuestra voluntad de obedecer a su Palabra. Es por tal obediencia que nos es aplicada la virtud de la sangre de Cristo, y cuando crecemos en la vida cristiana la gracia y la paz nos es multiplicada.

Vers. 3. — Cuántos motivos tenemos, por lo tanto, para alabar al Señor por su grande misericordia que nos ha hecho nacer de nuevo, haciendo brotar en nuestros corazones una esperanza que es viva porque se asienta sobre un hecho comprobado: la Resurrección de Jesucristo.

Vers. 4. — Esta esperanza es la de que somos herederos de una herencia que tiene estas dos preciosas condiciones, imposibles de hallar en este mundo:

a) No se pasa ni marchita como todo lo que vemos.

b) No puede ser dañado ni contaminado por el pecado. Si hubiera la menor posibilidad de que el pecado pudiera entrar en el Cielo alguna vez, sería desde ahora un motivo de pesar para los creyetnes.

Vers. 5. — Esta herencia está reservada en los cielos para aquellos que somos guardados en la virtud de Dios aquí en la tierra. Es decir, el que guarda la herencia en los Cielos, guarda a los herederos sobre la tierra para que no perdamos nuestra posesión celestial, sino que obtengamos aquella salud, o sea, liberación, de todos los males que tendrá lugar en el postrimero tiempo.

Vers. 6. — Es tan gloriosa esta esperanza que produce gozo aun en la aflicción, como ha sido el caso de muchos mártires y piadosos cristianos afligidos. (Cítese algún ejemplo.) Pues ante su grandeza y duración toda aflicción aquí resulta sin importancia y breve. Es un gran consuelo en las aflicciones saber:

a) Que serán por poco tiempo.

b) Si son necesarias. No nos gusta padecer inútilmente, y ésta es la tragedia de los mundanos que no conocen la promesa de 2.ª Corintios 4:17.

Vers. 7. — El apóstol nos define la principal razón por la cual la tribulación puede hacerse necesaria en esta vida: Para que nuestra fe probada, como el oro, sea purificada de tal modo que, en el día de Cristo, el Supremo Juez no encuentre en nosotros sino motivos de alabanza, gloria y honra. Es decir, todo oro puro y ninguna escoria.

Vers. 8. — El apóstol recuerda que este Señor Jesucristo, cuya manifestación esperan sus lectores e hijos en la fe, nunca había sido visto por ellos; sin embargo, su fe es firme en Él. Con tal motivo les admira. Podemos figurarnos a los creyentes diciendo al gran apóstol: «¿Qué privilegio tuviste tú de convivir con Él, de andar en su compañía y oír las palabras de su boca?» Y el apóstol respondería: «¡Qué privilegio tenéis vosotros que sin haberle visto le amáis! Mi fe no tiene importancia ni mérito alguno, la vuestra tiene mucho más valor en su presencia.» Véase Juan 20:29.

Por esto el gozo espiritual de los creyentes en el Señor tiene esta doble cualidad:

a) Es inefable. Es decir, no se puede expresar con palabras.

b) Glorificado. Propio de la gloria. De la misma clase que el que disfrutaremos en la Gloria, con la sola diferencia que aquí lo experimentamos a gotas, en momentos de especial emoción religiosa, y allí lo tendremos a torrentes.

Vers. 9. — ¿Cuándo será esto? Cuando llegaremos al objetivo o meta de nuestra carrera. Vale, pues, la pena pasar tribulaciones durante el peregrinaje o prueba a que nos hallamos al presente sometidos.

EJEMPLO 5.º
EL MISTERIO ESCONDIDO A LOS PROFETAS
1.ª Pedro 1:10-12

Vers. 10. — La palabra «salud», o salvación, en el versículo anterior, sugiere al apóstol una serie de consideraciones sobre el tema de la salvación profetizada en el Antiguo Testamento. Tenemos aquí una revelación de lo interesante que era para los mismos profetas el anuncio de los sufrimientos del Mesías, como en Isaías 53.

Vers. 11. — Era una cosa extraordinaria para ellos como judíos que aquel «Siervo de Jehová», que tenía que «rociar a muchas gentes y delante del cual los reyes cerrarían sus bocas», hubiera de padecer todo lo que se dice a continuación. Sin embargo, así ha sido.

Vers. 12. — El Evangelio es una dispensación peculiar de nuestro tiempo. Este texto y otros de la Sagrada Escritura nos muestran que una cosa es el privilegio de los cristianos y otra el de los hombres fieles del Antiguo Testamento, aunque formarán una misma compañía con los creyentes, pero probablemente aquéllos como «amigos del esposo». Véase también Hebreos 11:40. La presente época de la Gracia, aunque más difícil quizá que ninguna para el ejercicio de la fe, es la más bienaventurada para los fieles de Dios.

Todo en el Antiguo Testamento es una preparación de los propósitos de salvación revelados en el Nuevo.

Vers. 12. — Esta salvación, con la maravilla de la encarnación del Divino Verbo, y los frutos de ella, como son los milagros de la gracia en la transformación de pecadores, y el amor, heroísmo y consagración de los creyentes, son cosas tan admirables, por lo que glorifican a Dios y confunden a Satanás, que los mismos ángeles fieles lo miran día tras día alborozados y gozosos. Véase Lucas 15:10.

¿No nos sentimos privilegiados de ser protagonistas de Dios en este sublime espectáculo? ¿No procuraremos esmerarnos para actuar con la máxima perfección?

METODO SINTETICO

Cuando el comentario abarca un capítulo fecundo, de las epístolas o de los salmos, por ejemplo, será conveniente para agruparlos bajo un tema omitir los textos que no se avienen al plan propuesto, haciendo una selección solamente de los que entran en el plan lógico del sermón.

Este método es aún más sugestivo que el explicar un versículo tras otro, y el público lo aprecia más, porque le permite recordar el mensaje muchísimo mejor.

Supongamos que se trata de exponer el capítulo 4 de Filipenses. El predicador puede agrupar los pensamientos principales de dicho riquísimo capítulo bajo un tema general, del siguiente modo:

EJEMPLO 6.°

SIETE PRIVILEGIOS DEL CREYENTE

1. Gozo constante: Vers. 4.
2. Liberación absoluta de cuidados: Vers. 6.
3. Paz abundante: Vers. 7.
4. Amigo siempre presente: Vers. 9.
5. Contentamiento que nunca fracasa: Vers. 11.
6. Poder todo suficiente: Vers. 15.
7. Una inagotable provisión para cada necesidad: Vers. 19.

Del mismo modo puede trazarse el conocido Salmo 23 bajo el tema:

EJEMPLO 7.°

PRIVILEGIOS DE AQUEL CUYO PASTOR ES JEHOVA

1. Toda necesidad suplida: Vers. 1-3.
2. Todo temor expulsado: Vers. 4.
3. Todo deseo satisfecho: Vers. 5-6.

El mismo pasaje que comentamos antes por el sistema analítico, versículo tras versículo, puede ser tratado por el sistema sintético desde el punto de vista de los privilegios, usando solamente aquellos textos que corresponden al tema, en la siguiente forma:

EJEMPLO 8.°

LO QUE GANAMOS POR LA FE EN CRISTO
1.ª Pedro 1:3-8

1. Nuevo nacimiento: Vers. 3.
2. Una esperanza viva garantizada por un hecho innegable: Vers. 3.
3. Una herencia gloriosa (Vers. 4), cuyas características son:
   a) Incorruptible.
   b) Incontaminable.
   c) Reservada en los cielos.
4. Seguridad de los herederos: «Guardados por la virtud de Dios»: Vers. 5.
5. Gozo inefable y glorificado: Vers. 8.
6. Recompensa y honores en la aparición de Cristo: Vers. 7.

El pasaje de Hechos 4, que refiere la actitud de los apóstoles cuando salieron de la cárcel, puede ser usado provechosamente para una reunión de oración, bajo el tema:

EJEMPLO 9.°

EL PODER DE LA ORACION

I. *Calidad de esta oración apostólica.*
   1. Tenía un motivo especial: Vers. 24.
   2. Fue hecha con fe en el poder y providencia de Dios.
   3. Fue unánime: Vers. 24 y 28.

4. Se apoya en palabras de la Sagrada Escritura: Vers. 25-26.

II. *Resultado de dicha oración.*

1. Los discípulos llenos del Espíritu Santo: Versículo 31.

2. Dios levantó un defensor entre sus mismos enemigos: Cap. 5:34.

3. Recibieron valor para testificar, según pidieron: Cap. 4:33.

4. Desarrolló la actividad y los frutos de la misma: Cap. 5:42.

Obsérvese cómo las divisiones de este bosquejo abarcan más allá de la porción principal que señalamos como texto, entrando en el capítulo 5, que contiene materias muy diversas que deben omitirse, como la mentira de Ananías y Safira; pero leyendo ambos capítulos puede observarse que el final del 5 es la continuación de la misma historia del 4, y lo que importa es presentar a los oyentes todos aquellos datos que pueden apoyar la tesis del tema, o sea, el poder de la creación.

Para hacer buenos sermones expositivos de cualquier pasaje de las Sagradas Escrituras es necesario buscar una línea de pensamiento que engarce los principales textos como en una especie de collar de perlas. Será la manera de que la gente las retenga todas y no pierda ninguna. Si se las ofrecéis sueltas, ni recibirán tanta edificación espiritual, ni podrán recordar tan bien el sermón.

Supongamos que el comentario que queremos hacer es sobre el 2.º capítulo de 1.ª Juan. Este es un capítulo difícil de unir en una sola línea de pensamiento, pues el estilo de San Juan no sigue un argumento continuo, como algunos capítulos de las epístolas de San Pablo, sino que varía constantemente;

sin embargo, puede hallarse aquí un lazo de conexión en la persona de Jesús, y podremos decir que el capítulo nos presenta:

EJEMPLO 10.º

SIETE ASPECTOS CONSOLADORES DE CRISTO

1. Jesús, abogado con el Padre: Vers. 1.
2. Jesús, la propiciación por nuestro pecado: Ver. 2.
3. Jesús, nuestra luz: Vers. 8.
4. Jesús, dador del Espíritu Santo: Vers. 20, 27.
5. Jesús, el Hijo de Dios: Vers. 20, 23.
6. Jesús, el prometido: Vers. 25.
7. Jesús, el que ha de venir: Vers. 28.

Cada uno de estos puntos puede desarrollarse con preciosas enseñanzas acerca de la persona de Cristo. Claro está que este método no nos permite comentar otras enseñanzas muy importantes que el mismo capítulo nos ofrece acerca de los jóvenes y de la necesidad de vivir separados del mundo. Para esto debiéramos tratar los versículos 12 al 17 bajo otros temas como «La victoria contra el pecado» o «Vanidad de las cosas presentes». Pero no pueden mezclarse estos temas con el estudio de la persona de Cristo que nos ofrecen los otros textos escogidos, y el mensaje queda así más compacto y es más fácil de recordar.

Si el capítulo objeto de nuestro estudio fuera el 3.º de la misma epístola de Juan, el mejor lazo de unión para relacionar muchos textos sería la persona del creyente. Así podríamos decir que el capítulo nos presenta:

EJEMPLO 11.°

SIETE GRANDES HECHOS RESPECTO A LOS CREYENTES

1. Los creyentes son hijos de Dios: Vers. 1, 2.
2. Los creyentes serán como Cristo cuando El venga: Vers. 2.
3. Los creyentes no practican el pecado voluntariamente: Vers. 5, 6, 9 y 10.
4. Los creyentes han pasado de muerte a vida: Vers. 14.
5. Los creyentes tienen confianza ante Dios: Versículos 19 al 21.
6. Los creyentes tienen el privilegio de recibir respuesta a la oración: Vers. 22.
7. Los creyentes tienen el don del Espíritu Santo: Vers. 24.

El orden en que presentamos estos puntos es tal como se hallan en el capítulo. Algunos predicadores prefieren presentarlos así, tratándose de sermones expositivos de largo texto, para facilitar a los oyentes la recomposición del sermón con una mera lectura del texto bíblico, sin tomar notas; pero otros prefieren presentarlos en un orden lógico.

Arreglado en esta segunda forma, el bosquejo debería ser así:

1. Los creyentes son hijos de Dios: Vers. 1 y 2.
2. Los creyentes han pasado de muerte a vida: Vers. 14.
3. Los creyentes tienen el don del Espíritu Santo: Vers. 24.
4. Los creyentes no practican pecados voluntarios: Vers. 5, 6, 9 y 10.

5. Los creyentes tienen confianza en Dios: Versículos 19, 21.

6. Los creyentes tienen el privilegio de recibir respuesta a la oración: Vers. 22.

7. Los creyentes serán como Cristo cuando El vuelva: Vers. 2.

Este segundo método facilita la comprensión y buen recuerdo del sermón porque lleva a los oyentes por la mano con el mismo orden en que tienen lugar los privilegios del cristiano en la vida real.

VII
Ordenación del sermón

El orden es la base y secreto del sermón, como indicamos en el capítulo II.

El arreglo del esqueleto será la base de dicho orden.

No podemos clasificar un montón de cartas si no tenemos a mano un archivador, y los mejores pensamientos de un sermón no podrían ser ordenados si carecemos de un bosquejo bajo cuyas divisiones principales podemos agrupar los pensamientos que la meditación del tema y las diversas lecturas que hemos hecho relacionadas con el mismo han traído a nuestra mente.

Es necesario que dichos puntos principales vayan sucediéndose en valor creciente e interés. O sea, dicho negativamente: Que no se ponga lo que es de más peso primero, y que lo mismo las frases que los argumentos vayan disminuyendo en fuerza de modo que los más débiles vengan al fin. De esta manera no se puede mantener el interés de la gente ni hacer impresión sobre los oyentes.

El lector atento habrá podido observar un orden evidente en los bosquejos que hemos dado en otros capítulos, y lo habrá notado también en otros bosque-

jos y en los sermones que haya oído de buenos predicadores. Esta lección tiene, empero, por objeto
hacer resaltar este carácter esencial del sermón,
para lo cual daremos estas sencillas reglas:

1.º Lo general tiene que preceder a lo particular
o personal.

Por ejemplo: Si tratamos de describir la univer-
salidad del pecado, nunca diremos: «Tú y yo somos
pecadores, todos los hombres del mundo lo son», sino
al contrario: «Todos los hombres son pecadores, tú
y yo lo somos también.»

2.º Si hay que relacionar algo presente con lo
ausente, se toma lo ausente primero. Por ejemplo,
el Señor, en Lucas 13, habla de «aquellos galileos»,
pero después dice: «Si vosotros no os arrepintiereis,
pereceréis igualmente», aplicando el ejemplo de los
ausentes a los presentes.

3.º Si se trata de un asunto donde entra el elemento tiempo, no se debe invertir el orden, sino to-
marlo en el de pasado, presente y futuro. Tenemos
un ejemplo en Hebreos 13:8. No tendría la misma
fuerza y belleza este pasaje si dijera: «Jesucristo
es el mismo por los siglos, hoy y ayer.» Parece que
esta regla cae por su propio peso; sin embargo, algunos predicadores faltan a ella con frecuencia.

4.º Si hay tales elementos como manifestación,
causa y resultado, es natural que para tener orden
lógico principie por causa, luego manifestación y por
último resultado.

5.º Siempre debemos poner como en el último
lugar aquel punto que lleve a la decisión importante
que se desea producir por medio de un sermón.

Estas reglas generales para las divisiones principales se aplican igualmente a las subdivisiones, y
algunas de ellas aun a las mismas frases del sermón.
Por ejemplo, si tomamos como tema:

EJEMPLO 1.º
UN CORAZON QUEBRANTADO
Salmo 51:17

Poniendo las subdivisiones en esta forma:

I. Cómo se produce el quebrantamiento de corazón.

II. Por qué se recomienda un corazón quebrantado.

III. En qué consiste un corazón quebrantado.

Se observará una falta de orden que impide asimilar y retener la verdad.

Pero si colocamos los puntos en este orden:

I. En qué consiste un corazón quebrantado.

II. Por qué es indispensable y se recomienda un corazón quebrantado.

III. Cómo se produce el quebrantamiento de corazón.

Notaremos que este segundo bosquejo nos permite explicar el asunto de un modo lógico y seguido, pasando de un punto a otro y terminando con aplicaciones prácticas. Sería una insensatez tratar de explicar cómo se produce o se realiza una cosa sin antes saber lo que tal cosa es; por esto el orden conveniente es el segundo.

El orden del bosquejo debe abarcar no solamente los puntos principales sino extenderse del modo más escrupuloso y perfecto posible en las subdivisiones, pues traería la confusión igualmente a las mentes de los oyentes si se faltara a esta regla al explicar los detalles más ínfimos del sermón.

Veamos éste.

EJEMPLO 2.º
LA PUERTA ESTRECHA
Mateo 7:13-14

Introducción. — Explicar la costumbre que había antiguamente de hacer puertas estrechas en ciertas ciudades o fortalezas para facilitar su defensa, y puntualizar el inconveniente que ello ofrecía a los hombres de regular estatura y a ciertos animales de carga como el camello (Mateo 19:24).

También las calles y caminos eran más estrechos en aquellos tiempos, especialmente los que conducían a ciertas fortalezas. En todos los casos el camino ancho era el más transitado.

Jesús nos exhorta a porfiar, a entrar por el lugar más difícil y a andar por el camino menos atractivo.

I. *Qué significa porfiar.*

    1.º Empeñarse en un propósito.

    2.º Apartar los obstáculos (como se hacía quitando la carga al camello cuando ésta subía a la altura de la cabeza).

    3.º Agacharse y aun doblegar la rodilla.

    4.º Desoír los consejos de los que pretenden que la entrada es imposible, o arguyen que no hay peligro fuera.

II. *Por qué hemos de porfiar a entrar por la puerta estrecha.*

    1.º Por causa del insidioso peligro que el camino ancho tiene en sí.

        a) Es atractivo a la carne y popular, mientras que el estrecho parece solitario.

        b) Por la naturaleza estamos acostumbrados al camino ancho.

        c) Lleva a la perdición.

2.º Porque el camino estrecho es el único de felicidad y vida.

a) Es imposible encontrar felicidad en el camino del mal.

b) Sólo la regeneración concede parte en el Reino de Dios (San Juan 3:3).

3.º Porque la vida eterna, que es la meta del camino estrecho, merece todo esfuerzo. Ejemplo: Ilústrese con el ejemplo de que todo lo que es digno de ser alcanzado cuesta esfuerzo. Por ejemplo: Música, pintura, ciencias, etc.

a) Esta vida significa liberación de la condenación.

b) Dulce comunión con Dios.

c) Eterna felicidad y gloria.

4.º Porque habrá un día cuando no será posible entrar aunque se quiera (Luc. 13:24-25).

Este bosquejo es bastante completo aunque no tiene más que dos divisiones, porque éstas contienen bastantes subdivisiones, con abundante material.

Podría hacerse el bosquejo en otra forma transformando en título el punto primero:

«POR QUÉ HEMOS DE PORFIAR A ENTRAR POR LA PUERTA ESTRECHA»

y en divisiones de primer orden los cuatro puntos principales de esta división.

Pero esto dejaría fuera del sermón aquella descripción de la palabra porfiar que nos es una buena preparación para que los oyentes entiendan mejor las consideraciones más importantes y prácticas del segundo punto.

Siempre los puntos principales deben ser una preparación del que le sigue.

Veamos ahora lo que ocurre con las subdivisiones cuando se hallan desordenadas.

Suponga el estudiante que hallara este mismo bosquejo redactado en la siguiente forma:

I. *Qué significa porfiar.*

   4.º Desoír los consejos de los que pretenden que la entrada es imposible o arguyen que no hay peligro afuera.
   3.º Agacharse o doblegar la rodilla.
   1.º Empeñarse en un propósito.
   2.º Apartar los obstáculos.

El punto 4.º parece ser tan bueno para empezar como el 1.º, pero si empezamos por éste no podremos poner el 1.º y se nota que la entrada es demasiado brusca.

Por otra parte, el punto 4.º nos permite hacer aplicaciones prácticas referentes a los que tratan de persuadirnos de que no hay peligro para nuestras almas, permaneciendo fuera del Evangelio de la gracia de Dios, y siempre conviene que las exhortaciones prácticas vengan al final, ya sea del sermón o de sus divisiones principales.

La falta de orden se observa de un modo muy especial entre el segundo y tercer punto y se nota también que el 3.º no puede ir detrás del 4.º. El único lugar que le conviene es el 1.º.

Supongamos que las subdivisiones del 2.º punto las encontramos en el siguiente orden:

II. *Por qué hemos de porfiar para entrar por la puerta estrecha.*

   3.º Porque la vida eterna, que es la meta del camino estrecho, merece todo esfuerzo.

4.º Porque habrá un día cuando no será posible entrar aunque se quiera.

2.º Porque el camino estrecho es el único de felicidad y vida.

1.º Por causa del insidioso peligro que el camino ancho tiene en sí.

También aquí el punto 3.º parece tan bueno como el 1.º para empezar, pero debemos tener en cuenta que el camino ancho es el que está siguiendo actualmente el pecador y, por lo tanto, es antes que todo lo demás.

El punto 4.º salta a la vista que tiene que ser último porque se refiere a una cosa final, la condenación y desespero del pecador.

El 2.º tiene que ir inmediatamente después del 1.º porque se refiere a algo presente: la paz y felicidad de la vida cristiana, mientras que los puntos 3.º y 4.º tienen que ver con la vida venidera; por lo tanto, es natural que se expongan después.

Veamos ahora las subdivisiones de segundo orden. Si bajo la subdivisión:

1.º Por causa del insidioso peligro que el camino ancho tiene.

Ponemos:

b) Por la naturaleza estamos acostumbrados a andar por camino ancho.

c) Lleva a la perdición.

a) Es atractivo y popular, mientras el estrecho parece solitario.

Encontramos desorden, aunque también aquí el punto b) parece tan bueno como el a) para empezar; pero observemos que el punto a) se refiere a algo general, mientras que el b) tiene que ver con lo particular y personal, y tal ordenación contradeciría la primera de las cinco reglas que hemos dado al principio de este capítulo.

El punto c) debe ir en último lugar porque es lo final y patético.

Si bajo la segunda subdivisión:

2.º Porque el camino estrecho es el único de felicidad y vida, decimos:
  b) Sólo la regeneración concede parte en el Reino de Dios.
  a) Es imposible encontrar felicidad en el camino del mal.

Notaremos la misma falta de orden porque primero es el camino del mal y la falta de felicidad que en él encontramos y después la regeneración y su fruto, el acceso a Dios.

Si bajo la subdivisión tercera:

3.º Porque la vida eterna, que es la meta del camino estrecho, merece todo esfuerzo, decimos:
  c) Esta vida significa eterna felicidad y y gloria.
  b) Dulce comunión con Dios.
  a) Liberación de la condenación.

Habremos faltado a las reglas tercera y cuarta, pues es evidente que lo primero que encuentra la gracia de Dios en nosotros es pecado y condenación; lo que produce, ya en esta vida y se perpetuará en la venidera, es: dulce comunión con Dios; y lo último y permanente será la felicidad eterna.

En todo bosquejo debe notarse un avance en los puntos como un escalón que lleva a otro.

Cualquier predicador puede notar que un sermón desordenado no mantiene en el auditorio el mismo grado de interés que un sermón cuyos puntos llevan del uno al otro de un modo lógico, claro y racional. Por esto es importantísimo aprender de memoria y tener en cuenta las cinco reglas dadas al principio de este capítulo.

VIII

La introducción al sermón

Se ha dicho que las dos partes más importantes del sermón son la introducción y la conclusión. En la introducción obtenemos la atención de los oyentes. En la conclusión llevamos al auditorio al punto decisivo, que es el objetivo de todo sermón, y «lo que bien empieza, bien acaba», por lo menos con cierta probabilidad. Un auditorio bien dispuesto desde el principio escuchará con mayor atención al predicador y sacará mayor provecho de todo el contenido del sermón.

¿Cómo empezar de modo que se gane el interés y la simpatía de los oyentes?

VENTAJAS Y PELIGROS DEL HUMORISMO

Muchos predicadores modernos, sobre todo en Norteamérica, han tomado la costumbre de contar un chascarrillo que despierta la hilaridad. Como sería difícil hallar chascarrillos que se ajustaran al tema del sermón, la mayor parte de las veces tales introducciones no son sino una especie de bufonada con la cual el predicador trata de hacerse simpático a los oyentes, procediendo después a la parte seria y espiritual.

Aun grandes predicadores usan este método, el cual no es de censurar cuando el predicador sabe hacerlo con mesura y verdadera gracia. Lo malo son las burdas imitaciones de semejante proceder.

Hay predicadores que poseen un carácter tan simpático que no les «cae mal» este modo de despertar la atención de sus oyentes; sus maneras y su sonrisa natural son el marco adecuado de tales chascarrillos inocentes. Pero ¡ay! del predicador que trate de hacerse «gracioso» sin serlo por naturaleza. Se hará soberanamente ridículo y despreciable a la concurrencia a la cual trata de interesar o cautivar con sus ridiculeces. Por esto los predicadores noveles deben comprender que lo que es permisible en un gran predicador, no lo es siempre a los que no poseen la fama, la autoridad o las dotes personales de aquel a quien vanamente tratan de parodiar.

El predicador que trate de ensayar este método, no por el afán de hacerse gracioso, sino por el decidido y serio propósito de ganar la atención de los oyentes, debe andar con mucha cautela sobre ese terreno resbaladizo y no exagerar al principio sus frases graciosas, sino procurando, discretamente, conocer la opinión que ellas han merecido a las personas más sensatas de su auditorio. Las opiniones pueden diferir a este respecto, pues hay personas excesivamente serias o pesimistas que siempre juzgarán mal una broma desde el púlpito, y otras que quisieran hallar en el púlpito casi tanta diversión como en un circo. El predicador sensato no tardará en comprender cuál es el verdadero sentir de la generalidad de sus oyentes, pero el que se cree a sí mismo gracioso, puede pasar mucho tiempo sin darse cuenta de que en lugar de atraer repele y se hace ridículo por sus sandeces.

Aunque consideramos estas advertencias extraordinariamente importantes, no es de esta clase de introducción que tenemos que hablar en esta lección, sino de la introducción del sermón propiamente dicha.

DESPERTANDO EL INTERES

Se ha dicho con razón que nunca debemos empezar a servir la mesa de la predicación sin despertar el apetito de los oyentes. Nunca debemos empezar a exponer enseñanza, doctrina o exhortación sin haber antes hecho pensar a nuestros oyentes: «Hoy sí que vamos a tener un buen sermón.» «Parece que va a ser grandemente interesante lo que el predicador va a decirnos hoy.»

Para esto, no basta con anunciar desde el principio que vamos a predicar sobre un tema muy importante, pues cuando habremos usado esta expresión media docena de veces como introducción a nuestros sermones los oyentes ya no encontrarán interesante que lo digamos otra vez. El único medio para despertar el interés es hacer una introducción tan interesante que ponga a los oyentes en favorable disposición para escuchar el resto del sermón.

I. Una de las mejores formas de introducción, siempre que exista tal posibilidad, es la referencia a un hecho actual, a un incidente que se ha publicado en los periódicos. Sin embargo, esta clase de introducción ofrece dos peligros:

1.º Que la introducción tenga poca o ninguna relación con el tema y aparezca forzada y fuera de lugar.

2.º Que el predicador, sobre todo si es más intelectual que un verdadero servidor de Dios, predique, no la Palabra, sino sus propios comentarios a los sucesos del día. Tal introducción debe ser siempre solamente una excusa para entrar en materia, un medio para llamar la atención de los oyentes, pero no el verdadero tema del sermón, el cual ha de ser siempre Jesucristo, su obra y sus enseñanzas. No tenemos otro tema los predicadores cristianos; de otro modo, el predicador tendría honradamente que dimitir de su cargo de predicador cristiano y hacerse conferenciante de club. Algunos predicadores harían un gran servicio a la obra de Dios si tomaran tal decisión.

II. Otro método de introducción es *explicar el origen del propio sermón*. Esta es una introducción extraordinaria, de la que no se debe abusar. El público tolerará que el predicador le cuente sus experiencias íntimas de vez en cuando, sobre todo si nota en el mismo un sentimiento de sinceridad. Pero se hace ridículo y petulante el que está contando con frecuencia cómo Dios le inspiró el sermón. El auditorio se apercibirá muy pronto de si el predicador está haciendo una sincera confesión o está jactanciosamente presentándose como una especie de profeta.

III. Puede empezarse algunas veces con una *ponderación de la verdad o doctrina que nos proponemos exponer*. Como todas las demás clases de introducciones, ésta es buena cuando no se abusa de ella, sino que se alterna con muchas otras.

IV. A veces resulta necesario empezar el discurso con una introducción sacada del *contexto*. La ocasión en que fueron dichas las palabras del texto, las circunstancias que rodeaban a la persona que las pronunció o escribió, etc.

Supongamos ahora que el tema a desarrollar sea Mateo 11:28: «Venid a Mí todos los que estáis trabajados y cargados y Yo os haré descansar.» El predicador puede formular la introducción de las siguientes maneras:

1. *Del contexto.* Leyendo atentamente los versículos 20 a 27 de este capítulo, encontrará que Jesús hizo en aquella ocasión una severa amonestación a las ciudades de Corazín y Bethsaida, y asimismo una oración de alabanza al Padre por haber escondido las cosas del Reino de los Cielos a los sabios y entendidos y haberlas revelado a los humildes, terminando con las solemnes palabras: «Todas las cosas me son entregadas de Mi Padre, y nadie conoció al Hijo sino el Padre, y nadie conoció al Padre sino el Hijo y aquel a quien el Hijo lo quisiere revelar.»

El predicador puede empezar explicando en vigorosas frases los sentimientos del corazón de Cristo ante la incredulidad y dureza de corazón de aquellos privilegiados habitantes de Galilea, del gozo de Cristo mismo al ver que algunos habían comprendido las doctrinas del Reino y Su misión divina, como fue con el apóstol Pedro y otros. Cristo se ve a sí mismo como el único recurso para las almas entenebrecidas y perdidas en sus pecados y ardorosamente parece exclamar: «Puesto que es así, puesto que estáis en el profundo abismo de las tinieblas y del dolor humano y puesto que Dios ha enviado un Mediador Omnipotente para levantaros de vuestra condición caída y revelaros los sublimes misterios del Reino de Dios: No desaprovechéis tan precioso privilegio. Venid a Mí, etc.»

2. *Del autor del libro.* El predicador puede también formular una buena introducción a este gran texto diciendo: «Había una vez un hombre que estaba terriblemente fatigado por el peso de sus pecados», pasando a contar muy brevemente la conversión de Mateo, y añadir: «A este publicano debemos el haberse conservado las palabras que mayor consuelo han producido a la Humanidad»: «Venid a Mí, etcétera.»

3. *Por un incidente personal.* El predicador podría despertar interés para la enseñanza de este precioso texto si pudiera contar, por ejemplo, de un modo gráfico y vivo, de un hombre o mujer a quienes vio venir muy cargados, supongamos con un gran haz de leña, y lo feliz que fue tal persona cuando pudo poner su carga sobre otro, quizás el marido o un hijo que salió en su auxilio. Pero tal ilustración carece de interés si el predicador no puede decir que es un incidente de su propia experiencia, y por su honradez como servidor de Dios y como cristiano no puede permitirse hacer tal afirmación si no fuera cierta.

4. Haciendo referencia a un *hecho de actualidad;* por ejemplo, el descubrimiento de la bomba atómica. Bien podríamos empezar diciendo que «desde que se descubrió tal artefacto la Humanidad está viviendo con una pesada carga de temor sobre su corazón» y de ahí empezar a desarrollar la doctrina del texto.

5. *Por una ponderación del propio texto.* En tal caso, diríamos: «He aquí unas palabras misteriosas que nadie se ha atrevido a pronunciar. Palabras que serían una terrible blasfemia en labios de un simple mortal; ni Sócrates, ni Platón, ni Buda, ni Confucio, ni ninguno de los grandes maestros de la Humanidad ha soñado siquiera en arrogarse la facultad de auxiliar personalmente a todo el mundo. Todos ellos se han limitado a dar consejos para el buen vivir; pero he aquí Uno que se levanta en medio de los siglos y exclama: «Venid a Mí, etc.» ¿Quién era el que tales palabras pronunció? ¿Tenía autoridad para hablar de esta forma?, etc.

LIMITES DE LA INTRODUCCION

La introducción no debe ser excesivamente larga. Se trata de preparar solamente el interés del auditorio, y es un peligro decir en el exordio lo que tiene que ser expuesto en el sermón. Igualmente lo es el divagar tanto con frases ampulosas y huecas en esta primera parte del sermón que, en lugar de despertar interés- el público lo pierda por cansancio. Spurgeon cuenta de una señora que decía de su predicador: «Cuando nuestro pastor prepara la mesa está tanto tiempo haciendo ruido con los cuchillos y tenedores que cuando llegan las viandas ya se ha perdido el apetito.»

A veces sirve bien, a modo de introducción, una referencia al asunto tratado el domingo anterior; no una repetición o resumen del sermón anterior, sino una mera referencia, quizá por contraste. Por ejemplo: «El domingo pasado hablamos de la fe, hoy tenemos otro asunto no menos importante, el de las obras.» «El domingo pasado se habló del Juicio, hoy de lo que sigue al Juicio, o sea, el Reino Eterno de los redimidos», etc. Pero esta introducción no es de las más interesantes y sería pueril hacerla si no existe una verdadera relación de continuación o de contraste con el tema del domingo anterior.

Entre las ilustraciones de carácter personal está la de referir algo de interés que el predicador ha visto y que sus oyentes desconocen, como un monumento, una obra de arte, una costumbre indígena. Pues ello sirve muy bien para cautivar la atención. El doctor Torrey dice que ha usado como introducción de un sermón que ha predicado un sin fin de veces, y con el cual ha ganado millares de almas, la descripción de un cuadro que vio en una galería de pinturas de Europa; de modo que acostumbraba decir que su viaje a Europa había quedado bien pagado por el interés despertado por ese medio. Al público siempre le gusta aprender, y por esto el predicador que viaja o lee mucho se hará cada vez más interesante, si es un buen observador y sabe almacenar en su mente aquellos incidentes que pueden servirle como introducción o ilustración de sus sermones. Para el uso de tal clase de material el predicador debe, empero, hacerse cargo de que sus oyentes no han estado con él y la narración debe ser clara y detallada, pero omitiendo cuidadosamente aquellos detalles que no tienen referencia al tema u objeto que se propone.

Cierto predicador empezaba con frecuencia sus sermones sobre diversos temas refiriéndose al monumento a Colón en Valladolid, donde aparece el león de Castilla arrancando del escudo español la palabra «Non» y dejando el «plus ultra». El predicador refería en tonos muy patéticos el sentir de los antiguos que creían que el Estrecho de Gibraltar era el fin del mundo, y así escribieron en el escudo de Castilla la frase «Non plus ultra» («No más allá»), hasta que por la ayuda de la reina de Castilla, Colón descubrió que existía un más allá, el Nuevo Mundo.

Esta ilustración puede ser usada provechosamente como introducción, a causa del interés que despierta; pero es necesario recordar que su carácter no es naturalmente introductivo y, por consiguiente, una vez presentada la ilustración, no se puede acompañar de consideraciones concluyentes tales como: «Del mismo modo, Cristo, el que es llamado el León de Judá, nos ha hecho evidente la existencia de un mundo más allá y nos ofrece una gloriosa esperanza de vida eterna», pues tales frases son más adecuadas para el final que para el principio del sermón. Por eso, si queremos usar una ilustración como ésta para introducir el sermón, no podemos agotar desde el principio las consideraciones naturales a que se presta, sino decir: «Los hombres piensan que no existe nada más allá de la muerte. Como los antiguos, han puesto sobre el escudo de sus vidas la marca del "Non plus ultra". ¿Pero puede conformarse el corazón con tan triste esperanza? ¿Será verdad que no existe nada más allá de la tumba?»

Si el predicador trae sus afirmaciones conclusivas al principio del sermón, la gente considerará ocioso seguir el curso del mismo, pero si formula preguntas de capital interés, poniéndose en el terreno del escéptico, se despertará el interés para saber cómo va a responder el predicador a tales preguntas y cautivará la atención hasta el final. Entonces, en mucho mejores condiciones de mente y espíritu de parte de los oyentes, podrá dejar caer la conclusión: «Ciertamente, Cristo ha venido a darnos una gloriosa esperanza y la tenemos asegurada por tales y tales pruebas», las que habrán sido expuestas antes en el curso del sermón.

Hay predicadores que empiezan a lanzar exhortaciones al arrepentimiento y a la conversión desde la introducción misma. No puede hacerse mayor equivocación que ésta. Aun cuando muchos de los oyentes hayan asistido mil veces a los cultos y conozcan el Evangelio tanto como el mismo predicador, éste ha de desconocerlo al preparar el sermón y hablarles como si fuera la primera vez que lo oyeran. En primer lugar, porque es posible que entre los oyentes haya uno o muchos que se hallen en semejante situación, y en estas personas hay que pensar sobre todo. En segundo lugar, porque a los mismos oyentes antiguos no les gusta oír un sermón desordenado, en el cual se dicen las últimas cosas al principio, sino que escuchan con mucho mayor deleite un discurso que empieza y sigue en un orden lógico.

IX

La conclusión del sermón

Si empezar bien es importante, no lo es menos terminar bien y terminar a tiempo.

Hay predicadores que no encuentran la manera de terminar y divagan repitiendo exhortaciones de carácter más o menos semejante, hasta que el público, en lugar de sentirse conmovido por tales llamamientos, sólo desea angustiosamente que el predicador ponga fin a su perorata.

«Di lo que tengas que decir y termina cuando lo hayas dicho», es el consejo de todos los maestros en la predicación.

¿Pero cómo se tiene que terminar?

METODO RECAPITULATIVO

Una de las mejores formas y más comunes es haciendo una recapitulación de los puntos principales del sermón. Esto no significa volver a explicar dichos puntos, sino simplemente mencionarlos para dar lugar con énfasis a un pensamiento final que será el llamamiento o exhortación. Esta clase de recapitulaciones suelen iniciarse con un:

«Puesto que...»

Supongamos que el sermón ha sido sobre: «Los privilegios del rebaño de Cristo», que tenemos en la página ??. Una mención de tales privilegios, seguida de una exhortación de poner la fe en Cristo para poder gozar de los mismos, será una buena conclusión.

Lo propio diremos sobre el bosquejo del Salmo 23 o del que le sigue, que lleva por título *Lo que ganamos por la fe en Cristo*.

En cambio, el bosquejo *El poder de la oración*, basado en Hechos 4 y 5, no permite una conclusión basada en los puntos principales, que son: «Calidad de la oración apostólica y resultados de la misma». Habrá que buscar otra fórmula de recapitulación basada en los subtítulos y no en los puntos principales. Por ejemplo: «Si nuestras oraciones son definidas, si tienen un motivo especial, si son unánimes con nuestros hermanos y hechas con fe apoyándonos sobre las promesas de la Sagrada Escritura, recibiremos, sin duda, los mismos privilegios y recompensas que obtuvieron aquellos discípulos: gozo y valor y, por encima de todo, el don del Espíritu Santo.»

La forma recapitulativa no es indispensable en todos los sermones. Podemos terminar también el comentario de Filipenses 4 diciendo: «En vista de los grandes privilegios del creyente y ante la realidad de las cosas que Dios nos ha prometido, ¿quién no querrá ser como el apóstol San Pablo? ¿Por qué no hemos de serlo? ¿Qué nos hará desistir de tal propósito? ¿Será el temor a la pobreza o al menosprecio? Lo había sufrido el apóstol (vers. 12). Pero las riquezas de Cristo superan a cualquier pérdida y la compensan mil veces. No dudemos, pues, en entrar y marchar con paso firme por el camino de la fe.»

En el bosquejo del gráfico la recapitulación se ciñe a las subdivisiones del punto II porque son las de carácter activo, o sea, las que dependen de la voluntad del oyente; dicha mención puede ser corroborada por una breve alusión a los resultados que se describen en las subdivisiones del punto III. Pero en otros bosquejos la recapitulación puede ser una breve mención de todas las divisiones principales del sermón. Jamás debe ser una mención de todas las divisiones y subdivisiones, pues resultaría excesivamente largo y perdería por ello toda fuerza y vigor, viniendo a resultar más bien una repetición del sermón, lo cual debe evitarse a toda costa.

VARIEDAD Y VIVACIDAD

La conclusión no debe ser estereotipada y monótona. No hay nada que produzca peor efecto a los oyentes que ver que el predicador se inclina a leer las palabras finales del sermón.

Se le dispensará al predicador la necesidad de mirar al bosquejo en otras partes del sermón, pero la conclusión es el punto culminante de su mensaje, y es en este momento cuando el predicador ha de hablar con la mayor solemnidad o el mayor ardor, según la naturaleza o carácter del sermón. Es entonces cuando su corazón ha de desbordarse de tal modo que el auditorio sienta que el predicador está, no leyendo unos pensamientos escritos en su oficina, sino, bajo el impulso del Espíritu Santo, tratando de hacer penetrar la palabra en los corazones.

Por esto hay que evitar, en este momento más que nunca, el pronunciar frases vagas y de poco sentido. Todo predicador ha notado que generalmente hay más facilidad de expresión al terminar el sermón, pero de ningún modo ha de confiarse a su facilidad de palabra en ese momento solemne y decisivo. Tiene que llevar algunas frases bien estudiadas, que concreten el mensaje y lo hagan incisivo en el corazón de los oyentes; sin embargo, no debe limitarse a éstas. Si el Espíritu Santo le inspira nuevos pensamientos expóngalos sin temor, pero cuidando de que no sean simples repeticiones de lo ya dicho, sino pensamientos tajantes, más fuertes que todos los usados en el curso del sermón y penetrantes hasta partir el alma. Evítese la excesiva extensión. La conclusión nunca debe exceder de unos pocos minutos. Es difícil fijar cuántos de un modo exacto, pues depende del carácter del propio sermón; pero lo que debe evitarse es que sea la conclusión en sí misma un nuevo sermón en miniatura.

Tampoco debe ser una repetición de lo dicho en otros sermones. Hay predicadores que en cada conclusión usan argumentos muy similares como el de: «mañana podría ser demasiado tarde para aceptar a Cristo». Está bien que en cada sermón se haga énfasis sobre la necesidad de tomar una decisión inmediata, pero si las frases son estereotipadas e idénticas para todos los sermones, el predicador se hará muy pesado y el público temerá verle llegar al final, por el fastidio de escuchar lo que ya se sabe de memoria.

LOS LLAMAMIENTOS

No queremos terminar sin decir una palabra sobre la cuestión de los llamamientos. No estamos en contra del sistema cuando el ambiente es propicio y el predicador tiene la convicción de que hay entre el auditorio «oyentes maduros», es decir, con bastante conocimiento del Evangelio para comprender bien el paso que van a dar, faltándoles solamente la decisión. En tales casos el llamamiento puede ser una verdadera bendición del Cielo para tales almas. Pero insistir e insistir hasta provocar decisiones prematuras de personas que ignoran los principios esenciales del Evangelio, además de ser insensato para el predicador, puede resultar en perjuicio de tales almas, ya que tales personas pueden venir a considerarse convertidas por medio de un acto mecánico que no afectó su corazón y que nada tiene que ver con el nuevo nacimiento. Es verdad que algunas veces estos oyentes, acudiendo a los cultos, llegan a comprender más tarde aquella fe que profesaron inconscientemente, pero también puede ser motivo a algunos para que dejen de asistir a los cultos, avergonzados por 'las burlas de sus compañeros inconvertidos, ya que no existe en ellos fundamento sólido para saber defender su fe y llevar el oprobio de Cristo. Y en otros casos pueden dar lugar al endurecimiento, en un falso concepto de conversión, siendo causa de que se introduzcan en la iglesia miembros no regenerados.

Recuerdo el caso de una persona a la cual felicitaban los creyentes por haberse levantado manifestando aceptar a Cristo, la cual respondió: «No, yo no entiendo de estas cosas, pero me daba lástima aquel pobre señor que nos pedía que nos levantásemos con tanta insistencia.»

Evitemos tanto la frialdad como los excesos en este momento solemne del sermón; pues ni la excesiva insistencia ni la gritería extremada son señales evidentes de la inspiración del Espíritu Santo. Es al final, más que en otro momento del sermón, cuando debemos movernos enteramente bajo su santa influencia; dejémonos, pues, conducir por El, pero recordando que el Espíritu Santo jamás ha inducido a nadie a empalagar a la gente, sino que es su gran propósito y objeto llevar las almas a Cristo, o, por lo menos, dejar en ellas tan favorable impresión que vengan a ser inexcusables si no se convierten.

Se ha dicho con verdad que una conclusión fastidiosa puede significar una piedra de tropiezo para el corazón mejor impresionado por el mismo sermón. Es preferible que queden los oyentes con deseos de oír más, cuando el sermón ha sido bueno, que no que las buenas impresiones recibidas se borren por una conclusión desafortunada y desastrosa.

Podríamos resumir lo dicho en los siguientes

CONSEJOS PRACTICOS

1.º Sea cualquiera la forma de conclusión que uses, hazla adecuada al conjunto del mensaje. Que no sea un nuevo sermón, sino la aplicación práctica de las verdades expuestas anteriormente.

2.º No uses frases estereotipadas en la conclusión de cada sermón.

3.º Sé breve. No describas círculos y más círculos, como un aeroplano en descenso, repitiendo las mejores frases del mismo sermón y añadiendo nuevos materiales. Desciende en línea recta, en picado, desde las alturas de tu disertación al mismo corazón de los oyentes. Que nadie tenga que decir lo que declaró cierta labradora escocesa acerca de un buen sermón de conclusión interminable: «El pastor llegó a casa en un viaje magnífico, pero tenía los caballos desbocados y no los pudo parar.»

4.º Acentúa el lado positivo más que el negativo, en la conclusión. Durante el curso del sermón puedes tener que tratar con el lado negativo, pero no termines con imprecaciones, lamentaciones ni expresiones desalentadoras. El mensaje del Evangelio es siempre un mensaje de esperanza. Levanta los corazones a lo positivo, a lo bueno, a lo sublime de las promesas de Dios, por grave o solemne que haya sido el sermón. Una conclusión neurasténica es la peor conclusión de un sermón.

5.º Haz la conclusión personal, pero no excesivamente personal.

6.º Nunca distraigas la atención ni debilites la fuerza de la conclusión con una apología. En la introducción puede alguna vez el predicador pedir excusas por su dificultad en hablar el idioma, su falta de tiempo para preparar el mensaje o su incapacidad para tratar el asunto; pero esto jamás es permisible en la conclusión. Si el sermón ha sido bueno, tal apología demuestra pedantería y orgullo por parte del predicador. Si ha sido mediocre, sólo servirá para recalcar los defectos del propio sermón y desvalorizar lo bueno que en él haya podido haber.

La conclusión del segundo libro de los Macabeos produce una impresión penosa y es la mejor prueba de la no inspiración de tal apócrifo. Pero mucho más que en un escrito, es contraproducente toda apología al final de un discurso hablado.

Termina el mensaje con la mayor dignidad, y encomienda al Santo Espíritu de Dios lo que tú no has podido o sabido hacer, aun en aquellas ocasiones en que, por el motivo que sea, sientas en tu conciencia que fue un fracaso el sermón, comparado con otros tuyos o con lo que hubieses querido que fuera. Ten presente que esta experiencia ocurre no sólo a los predicadores mediocres (éstos generalmente quedan más satisfechos de sus propios sermones que lo que debieran quedar), sino a los más grandes predicadores. Resuelve en tu corazón en tales casos prepararte mejor otra vez. Tal resolución, hecha en el mismo púlpito al terminar un sermón deficiente, ha sido la génesis de otro sermón poderoso, en muchos casos, y en la propia experiencia del autor de estas páginas.

7.º Evita las expresiones humorísticas en la conclusión. Ya hemos indicado con qué limitaciones y prudencia debe hacerse uso de tales expresiones al principio o en el curso del sermón, pero no es permitido de ningún modo al final. Como dice Reinold

Niebuhr en un artículo titulado «Humor y Fe»: «Puede haber risa en el vestíbulo del templo, y el eco de la risa en el templo mismo; pero solamente fe y oración, y no risa, en el lugar santísimo», que es la conclusión del mensaje.

8.º Abstente de cualquier acto que distraiga la atención. Un gesto exagerado: quitarse y ponerse las gafas, levantar un himnario, o el accidente de caerse una hoja de los apuntes, no son incidentes tan graves en el curso de un sermón; pero debe hacerse todo lo posible para evitarlos al final. Algo semejante debe decirse del hábito de mirar al reloj de bolsillo o pulsera que tienen algunos predicadores. Unos porque, no sabiendo qué decir, les conviene cerciorarse de que el sermón no ha sido demasiado corto, y otros porque, teniendo demasiado material, temen excederse del tiempo. Huelga decir que la impresión que producen estos últimos en el auditorio (el cual suele darse perfecta cuenta de la situación en ambos casos) no es tan desastrosa como la que causan los primeros, pero aun en este último caso, más perdonable, esta sencilla acción puede ser perjudicial para muchos espíritus superficiales. Es conveniente que haya en las capillas un reloj, bastante grande, colocado en la parte posterior, jamás de cara al público, para que el predicador pueda seguir el curso del tiempo sin que el auditorio se aperciba. A falta de tal reloj, es buena precaución por parte del predicador poner su propio reloj sobre el púlpito en el momento de empezar, evitando hacerlo durante el curso del sermón, y menos al final.

LA IGLESIA EN LA CONCLUSION

Los diáconos y miembros de cada Iglesia deberían ser educados acerca de la solemnidad de la conclusión. A veces son estos mismos los que contribuyen a distraer la atención sin darse cuenta de ello, haciendo preparativos para la terminación, tales como abrir las puertas, repartir himnarios para el himno final, preparar las bolsas para la ofrenda a la vista del público, etc.

Otras veces, miembros más entusiastas que discretos intentan corroborar el «éxito» del sermón susurrando exhortaciones o alabanzas acerca del mismo a personas inconvertidas, o lo que es todavía peor, incitándolas a levantarse. Nada más equivocado. Tales momentos han de ser solamente de atención y oración silenciosa por parte de los fieles de la iglesia.

Algunas veces el autor se ha sentido tentado a detener el sermón y pedir misericordia a las personas que en aquellos solemnes momentos se les ha ocurrido levantarse para ir al patio o salir del templo, a pesar de ver que el sermón estaba terminando y no corrían peligro de perder ningún tren.

Y no diremos nada del desastre que significa un bebé que rompe a llorar o se inquieta durante los cinco minutos finales del sermón. Algunos predicadores tienen la costumbre de pararse y aguardar en silencio hasta haber pasado tal interrupción. Siempre es desagradable tener que hacer esto, por lo que cuesta recoger de nuevo la atención del auditorio. Ello es posible cuando se dispone todavía de muchos minutos, pero es casi imposible al final. En ese período del sermón, atención ddistraída es atención perdida. Por esto los miembros debieran conjurarse en ayudar al pastor: Los diáconos, atajando del modo más discreto y rápido cualquier perturbación. Los creyentes en general, bajando sus cabezas para orar, sin volverlas de un lado para otro para ver si se levanta alguien. Nada puede perjudicar tanto las decisiones como esta curiosidad imprudente. Sabemos cuán grato es para el creyente fervoroso, que está orando por un despertamiento, «*ver*» decisiones; pero es más sensato limitarse a «*oírlas*» de labios del testificante o en la respuesta del pastor, y será siempre mucho más gozoso para su propia conciencia haber ayudado a tales decisiones con oración que estorbarlas con actitudes inconvenientes.

Es necesario hacer énfasis sobre estos detalles en las reuniones de iglesia, para el mejor orden y provecho en los cultos, sobre todo en los evangelísticos.

X

Clases de estudio Bíblico

Hemos dicho que para la preparación de un sermón desde el púlpito no conviene tomar todo un capítulo, sino un hecho, parábola o porción que pueda ser conectada con alguna línea de pensamiento. La razón es que cuando el predicador habla él solo desde el púlpito le conviene presentar un mensaje compacto y no excesivamente extenso.

Pero hay otro método de instrucción, llamado Clase Bíblica, en la cual no sólo el predicador, sino los oyentes, pueden tomar parte, y aunque ello excede los límites de la Homilética, por lo importante que es para los pastores e instructores cristianos, no queremos dejar de ofrecer algunas sugestiones sobre dichos estudios.

Se recomienda para la Clase Bíblica que todos los oyentes tengan su Biblia en la mano y, si el número de asistentes lo permite, estén sentados formando círculo.

En las clases bíblicas no deben usarse los sermones textuales, sino expositivos o tópicos, desarrollando estos últimos a base de textos bíblicos.

ESTUDIO DE LA BIBLIA POR LIBROS

Pero es también recomendable en esta clase de reuniones el estudio de la Biblia por libros y capítulos. En tal caso cada asistente debiera conocer de antemano el capítulo o porción que se va a estudiar, y aún es mejor si se han distribuido preguntas escritas que despierten interés en el estudio. Dichas preguntas o sugestiones pueden ser formuladas particularmente por el instructor para cada capítulo o libro, o bien utilizar las siguientes sugestiones de carácter general:

a) ¿Quién escribió el libro?
b) ¿A quién fue escrito?
c) ¿Cuándo fue escrito?
d) Motivo por el cual lo fue.
e) Circunstancias de aquellos para los cuales fue escrito.
f) ¿Qué referencias nos da el libro de la vida y carácter del autor?
g) ¿Cuáles son las principales ideas del libro (o enseñanzas)?
h) ¿Cuál es la verdad central del libro?
i) ¿Cuáles son las características del libro?
j) Que cada alumno haga una división analítica del libro comparándola con la división que traiga el Director.
k) Puntualícense las enseñanzas o aplicaciones espirituales que ocurren en cada sección.

El estudio será todavía más provechoso si en lugar de preguntas generales puede usarse un bosquejo ya formulado por algún buen expositor de la Biblia. Hay libros interesantes y también cursos bíblicos que pueden servir de ayuda al respecto. Como ejemplo ofrecemos a continuación uno de los estudios bíblicos por libros que se publicaron en nuestra revista *El Cristiano Español*. De una forma similar a la indicada, y usando los mismos epígrafes que ponemos en mayúsculas, pueden estudiarse, no solamente los otros libros del Pentateuco, sino casi todos los libros de la Biblia.

Exodo.

EL NOMBRE «Exodo» nos indica el contenido de este libro, la salida de Israel de Egipto. Israel vuelve a su tierra prometida. Exodo contiene la maravillosa e importante historia, empezada en Génesis, asumiendo una forma nacional, más bien que personal o familiar, y narrando los pasos que condujeron al establecimiento de la teocracia hebrea. En este hecho histórico vemos la figura de las verdades fundamentales de toda salvación. Podemos llamar a Exodo «el libro de la salvación». Empieza con la oscuridad del yugo egipcio y termina con la nube de la gloria de Dios en el tabernáculo.

EXODO Y LOS CRISTIANOS. — El viaje de los israelitas de Egipto a Canaán es un símbolo de la peregrinación del cristiano.

1. Egipto = el reino de Satanás, el mundo del cual tenemos que salir.

2. Desierto = La condición del creyente que ha dejado la vida antigua, pero que todavía no ha encontrado la plenitud de la vida nueva en Cristo.

3. Canaán = La vida del creyente que encontró en Cristo la vida abundante y victoriosa.

LLAVES DEL LIBRO llamamos a los versículos de cada libro, que nos dan el conjunto del contenido del mismo, p. ej.:

3:7-8   ... aflicción en Egipto... librado... sacado
a buena tierra.

12:13   ... la sangre os será por señal... Lo fundamental de la salvación.

19:4-6 ... os he traído a Mí... para ser un especial tesoro sobre todos los pueblos.

TIEMPO. — Entre Génesis y Exodo hay un espacio de tres siglos y medio, sobre el cual no leemos nada en la Biblia. En este tiempo creció la familia de Jacob (70 personas, Exodo 1:5) y se hizo nación numerosa (1:7).

LA PRINCIPAL FIGURA de Exodo es la de Moisés. El nos es presentado como representante de la Ley y del antiguo pacto (Juan 1:17). Mirando su historia podemos dividirla en tres partes de 40 años cada una.

40 años de alta educación humana. Se hizo un varón poderoso.

40 años de educación divina en la quietud del desierto. Allí se hizo varón humilde y sencillo.

40 años ejerciendo su alta profesión y experimentando cómo Dios puede utilizar poderosamente a un hombre humillado.

Nótese la importancia de la primera educación que recibió en su más tierna juventud en la casa paterna. Después de muchos años de estar en el palacio egipcio, se recordó de su Dios y de su pueblo (Hebreos 11:24-26). El fue hecho salvador, guía y mediador de Israel.

DIVISION DEL LIBRO. — Podemos dividirlo en tres partes:

1. *Israel en Egipto:* Cap. 1-15:21.
   a) Opresión por los egipcios. Por medio de ella, Dios preparó al pueblo para salir de la tierra rica de Gosen.

b) Nacimiento y educación de Moisés. Dios preparó al salvador y guía.

c) Plagas en Egipto, Pascua y salida. Dios preparó al enemigo para dejar ir al pueblo.

2. *Experiencias en el camino del desierto:* Capítulo 15:22, cap. 18.

Mara, Elim, codornices, maná, agua de la peña, victoria sobre Amalec. El Señor, que sacó a Israel de Egipto, también los mantenía, protegía y guiaba.

3. *Israel al pie del monte Sinaí:* Cap. 19-40.

Mandamientos de Dios, Alianza entre Dios y el pueblo, plan del tabernáculo, becerro de oro, construcción del tabernáculo.

Los salvados, para permanecer con el Señor, necesitan:

a) la ley, que es la norma de la voluntad de Dios; y

b) el sacrificio, cuya sangre limpia simbólicamente de las transgresiones de la ley.

CRISTO EN EL EXODO. — Toda salvación de Dios es hecha por Jesucristo. Por lo tanto, es todo este «libro de la salvación» un símbolo de Cristo.

1. El cordero de la pascua: Cristo el cordero de Dios: Juan 1:29, 1.ª Cor. 5:6-8, 1.ª Ped. 1:18-19.

2. Aarón: Cristo nuestro sumo sacerdote: Hebreos 5:5 y 9, 7:11.

3. El mar Bermejo: La muerte de Cristo nos libra de la vida antigua: 1.ª Cor. 10:2.

4. El maná: Cristo es el pan vivo que descendió del Cielo: Juan 6:31, 35.

5. El tabernáculo: Cristo habitó entre nosotros: Juan 1:14, Hebr. 9:23-24. Exteriormente no ofrece ningún atractivo: Filip. 2:6-8. Pero por

dentro todo es precioso, de oro fino con los colores de la gloria: Col. 2:3 y 9.

No sólo el tabernáculo entero, sino también los objetos en él nos hablan de Cristo:

La puerta (única): Juan 10:7.

Altar del holocausto: El lugar de la expiación: Hebr. 9:13-14, 10:12; Apoc. 13:8.

Fuente de metal: El lavacro de la regeneración: Tito 3:5.

Mesa de los panes: «Yo soy el pan de vida»: Juan 6:35, 48, 50, 51.

Candelero: «Yo soy la luz del mundo»: Juan 8:12, 1:9.

Altar de perfumes: La oración sacerdotal de Cristo: Juan 17.

El arca conteniendo la ley de Dios, y la cubierta con los querubines, tenían que ser rociadas con la sangre del sacrificio. Cristo, con su propia sangre, entró una vez a la presencia de Dios: Hebr. 9:12-14. El cumplió la ley y la cubrió con su sangre. La ley que pidió la muerte del pecador está satisfecha por el sacrificio expiatorio de Cristo.

EL MENSAJE DE EXODO es doble. Habla del dominio del Señor y de la redención. Su dominio se nota en sus palabras, órdenes, mandamientos, juicios, su santidad, y también en su bondad y cuidado en todas las necesidades de su pueblo. Por todo el libro pasa el hilo negro del pecado del pueblo y de personas individuales. Pero Dios, en su inmensa gracia, presenta un recurso de salvación por la sangre del sustituto y abre a su pueblo pecador el camino a su trono de gracias.

Todos los libros de la Biblia pueden ser estudiados de una forma similar, buscando en ellos, por encima de sus datos históricos, profundas enseñanzas morales y espirituales.

ERRORES A EVITAR

Dos errores que el director de un Grupo de Estudio Bíblico debe evitar con gran cuidado son: Por un lado, darlo como un sermón de predicación monopolizado, y por el otro, convertirlo en una clase de Seminario, limitándolo a los datos históricos, cronológicos o analíticos sin especial mención de la enseñanza espiritual. Jamás hay que olvidar que ésta tiene primordial importancia en la Iglesia, tratándose de libros de la Sagrada Escritura, cuyas mismas narraciones históricas fueron escritas: *«para nuestra enseñanza y admonición»* (1.ª Cor. 10:11); pero quedará mejor fijada la verdad en la mente y resultará mucho más interesante y efectiva si, en lugar de ser administrada en dosis concentradas de incesante exhortación, va acompañada del estudio histórico, y analítico y aun geográfico, que permita al estudiante conocer bien la procedencia y motivo de tales enseñanzas que surgen del texto, ora por ejemplo histórico, o por simbolismo.

En este último caso hay otros extremos que conviene evitar. Uno es el de forzar la imaginación para encontrar en todo detalle del Antiguo Testamento símbolos y figuras de las doctrinas del Nuevo. Hallamos esta tendencia de un modo exagerado en los escritos patrísticos. Orígenes, por ejemplo, veía un símbolo de la cruz hasta en la forma de cortar el cordero pascual. Un simbolismo ingenuo y sin base no resultaría edificante a un público de nuestro siglo.

El extremo opuesto es prescindir de toda aplicación simbólica, con lo que el Antiguo Testamento se convierte en una simple y árida narración histórica con ligeros matices éticos. El predicador moderno que asume tal actitud despreciando todo simbolismo, debería empezar por suprimir del Nuevo Testamento varias epístolas como Romanos, Corintios y Hebreos, y mejor que todo debería dejar el ministerio cristiano de su iglesia en manos de alguien que crea en la Biblia desde el principio al fin.

Otro error funesto es el de introducir en los estudios, para hacer gala de erudición, discusiones técnicas de carácter crítico acerca de los documentos originales de la Sagrada Escritura, códices y variantes, pseudo-autores, etc. Spurgeon decía con mucha razón: «Nunca divulguéis el error tratando de combatirlo.» El pastor necesita estar bien orientado sobre tales asuntos, pero no para llevarlos al público, sino para poder responder a cualquier pregunta al respecto.

Si una de tales cuestiones surgiera en la clase de Estudio Bíblico o en la Escuela Dominical, lo más conveniente es responderla de un modo general y breve e invitar al interpelante a una conversación más extensa en particular. Tal invitación debe ser hecha, si es en la clase, alegando falta de tiempo. Y aún mejor si puede soslayarse y hacerla más tarde en privado, a fin de no levantar sospechas en aquellos a quienes no interesan o no convienen tales temas, ora por su limitada cultura o por su delicada condición espiritual.

Recordamos el caso de un joven pastor de un pueblo rural, recién salido del Seminario, que, con el pretexto de «instruir a la juventud de la Iglesia», empezó una serie de clases de estudio bíblico en las cuales trataba de deslumbrar a sus oyentes llenando la pizarra con textos griegos y hebreos, y acabó por arruinar la fe de muchos con sus discusiones críticas, totalmente impropias e inadecuadas a la condición intelectual y espiritual de los sencillos fieles a quienes se dirigía.

Fervorosamente exhortamos a los estudiantes bíblicos y predicadores en cuyas manos venga a parar el presente *Manual de Homilética,* a evitar y aun huir de tales peligros, procurando la edificación espiritual de sus oyentes por encima de todo otro motivo.

ESTUDIO DE LA BIBLIA POR CAPITULOS

Tanto o más sugestivo que el estudio por libros es el estudio por capítulos, ya' que de este modo se puede entrar con más detalle en cada asunto. Como quiera que éstos pueden repetirse en el curso del libro, debe hacerse énfasis sobre verdades nuevas cuando se repita un mismo asunto. Esta recomendación es especialmente importante para los libros doctrinales, o sea, las epístolas y los libros proféticos del Antiguo Testamento.

He aquí una serie de sugestiones de aplicación general:

a) Defínase el tema del capítulo o asunto principal de que trata, en una sola frase.

b) Principales personajes del capítulo.

c) La verdad o doctrina más destacada del capítulo.

d) La mejor lección del capítulo.

e) El mejor versículo del capítulo. (Sugiérase que cada uno aprenda de memoria el versículo elegido.)

El predicador puede terminar haciendo énfasis sobre las principales lecciones del capítulo, y lo hará con mucho más provecho si los asistentes han tenido ya que estudiarlo para responder a las anteriores preguntas.

Estas preguntas pueden ser usadas para clases elementales, incluso de niños.

Para clases entre personas más adelantadas en conocimientos bíblicos y experiencia espiritual, puede usarse la siguiente serie de preguntas o sugestiones:

a) Cítense uno por uno los principales hechos del

capítulo y las enseñanzas que contiene cada uno de ellos.

b) Señálense los errores a evitar (con referencia a la conducta de personajes que aparecen en el capítulo o amonestaciones que contiene).

c) Nótense las cosas dignas de imitación.

d) Principales enseñanzas. (No de hecho como se señala en el apartado a), sino por precepto.)

e) ¿Cuál de estas enseñanzas puede considerarse interesante discusión?

f) Preséntense copiados cada uno de los versículos principales por su enseñanza espiritual.

g) Declárese cuál es la verdad o doctrina que se destaca en el capítulo.

Para clases todavía más adelantadas pueden usarse las siguientes sugestiones:

a) Léase el capítulo en dos o tres versiones diferentes (de Valera, Moderna, Católica, etc.) y cítense por escrito las principales variantes y declarando cada uno cuál prefiere, teniendo en cuenta no sólo la elegancia del lenguaje sino la verdad doctrinal, según se desprende del conjunto de la Biblia.

b) Búsquense los pasajes paralelos de la referencia y cítese la diferencia entre ellos.

c) Dese la fecha aproximada de los hechos a que se refiere el capítulo.

d) Haga cada alumno un bosquejo o análisis del capítulo.

e) Cite cada uno los textos aptos para un sermón textual y formule sus principales divisiones.

f) Señálense las frases o palabras más importantes.

g) Puntualícense las lecciones más importantes e indíquese de ellas cuál es, en el concepto del alumno, la principal.

h) Cítense los lugares o ciudades que se nombran en el capítulo, y dese una breve historia de ellos según aparece en otras partes de la Biblia.

i) Dificultades en el capítulo, si las encuentra.

El principal peligro en las clases de estudio bíblico es que, con el pretexto de hacer preguntas sobre el texto o exponer verdádes aprendidas en el mismo, algunos de los concurrentes se aparten del tema y hagan perder el tiempo con frivolidades. El predicador o director necesita mucha táctica y firmeza para obligar a concretar y ceñirse al asunto.

Por esto un método recomendable es hacer que los participantes traigan sus sugestiones por escrito y usar el director, en la clase próxima, un resumen de las mejores y más sugestivas respuestas de cada uno. Los concurrentes se sienten interesados y halagados al observar que se ha hecho caso de sus pensamientos, los cuales son expuestos por el director mucho más concretamente que si cada uno tomara la palabra por sí. Para aportar más interés a la reunión, puede, empero, el predicador sugerir una exposición verbal de aquellas sugestiones que haya notado como de más valor, limitándose a citar él mismo las menos interesantes, pero que merezcan ser citadas.

Para completar el estudio puede aportar algunos pensamientos propios o sacados de algún buen comentador como Meyer, Carroll, Ryle, etc., sobre el capítulo citado.

Se ha dicho con razón que el buen predicador no sólo debe saber estudiar él mismo la Biblia sino hacer que otros la estudien, y éste es el objeto de las clases de estudio bíblico. Los grandes discursos desde el púlpito aportan mucha luz y dan mejor comprensión a los oyentes acerca de las verdades bíblicas, pero no estimulan suficientemente el estudio personal. Deslumbrados por su arte y elocuencia, se sienten, por lo general, los oyentes incapaces de estudiar la Biblia como lo ha hecho el predicador, y ello convierte a los miembros de la Iglesia en oyentes de conferencias religiosas, más bien que estudiantes de la Palabra de Dios. Aunque la predicación desde el púlpito será siempre el medio indispensable de enseñanza y el más eficaz para ganar a los inconversos, las clases de estudio bíblico estimulan más el don de cada uno y fomentan de un modo extraordinario la vida espiritual. Por esto son muy recomendables para los creyentes o miembros de iglesias evangélicas.

XI

El uso de ilustraciones

Las imágenes son para el discurso lo que las ventanas para una casa: hacen entrar la luz del argumento en las mentes más obtusas, a quienes las ideas asbtractas resultan pesadas y a veces incomprensibles.

El ejemplo de Jesús nos autoriza y estimula para el empleo de ilustraciones en la predicación. Hasta la cara de los pequeños se ilumina cuando el predicador empieza a contar alguna anécdota para ilustración de su sermón.

Pero, aun cuando las ilustraciones son de tan grande utilidad, no se debe abusar de su uso. Hay sermones que resultan enflaquecidos por un exceso de metáforas o anécdotas. Dicho uso excesivo puede hacer que la gente preste demasiada atención a las anécdotas y olvide los argumentos y exhortaciones del sermón. Debemos recordar que nuestro objeto no es entretener o divertir a las personas sino hacerles sentir las verdades espirituales. Volver el espíritu de nuestros oyentes del objeto principal del sermón para fijarlo en imágenes complacientes puede resultar perjudicial.

Las anécdotas han de ser usadas únicamente en los lugares apropiados y deben ser ellas mismas adecuada ilustración del argumento que se viene exponiendo. No hay nada peor en un sermón que una anécdota colocada forzadamente en algún lugar que no le corresponde. Si no tenemos ninguna anécdota bien adecuada e ilustrativa no usemos ninguna. Es mil veces preferible un sermón con pocas o ninguna anécdota que un sermón repleto de ilustraciones que no encajan con el argumento.

ANECDOTAS HUMORISTICAS

No está proscrito el uso de anécdotas humorísticas; al contrario, éstas son las más gratas y mejor recordadas; pero debe tenerse sumo cuidado en que no traspasen el límite del humor; que no sean chabacanas o triviales. El púlpito es un lugar sagrado y los oyentes que acuden a escuchar la Palabra de Dios esperan recibir pensamientos dignos y de acuerdo con el propósito a que está destinado.

Un ejemplo de anécdota humorística, pero adecuada, es la del salvaje que acudió acongojado a un misionero porque su perro había devorado algunas hojas de la Biblia, y al decirle éste que la pérdida no era tan considerable porque podía ofrecerle otra Biblia por poco dinero, el salvaje replicó que lo que sentía no era la pérdida del libro, sino del perro, ya que había observado que este libro tiene la virtud de hacer volver mansas a las personas, y temía que dicho efecto se produjera en su magnífico perro cazador.

COMO REFERIR ANECDOTAS

Lo más esencial en las anécdotas es el modo en que son contadas. Una anécdota excelente puede producir muy poca impresión a los oyentes si es contada con indiferencia. El buen narrador de anécdotas debe mostrarse él mismo interesado en lo que cuenta y mantener el interés del auditorio contando los incidentes de la anécdota por orden sin adelantarse a revelar el «final» del caso, para que se mantenga latente el espíritu de sorpresa. Adelantar un solo detalle de una anécdota puede estropearla completamente, pues la gente ya no escucha con interés cuando conoce el desenlace.

Evítese, por lo tanto, el anunciar desde el principio el final de la historia; por ejemplo:

Hay una anécdota muy ilustrativa acerca de la fe. Se trata de un niño que es invitado a lanzarse en los brazos de su padre desde el balcón de una casa que está ardiendo. El niño, azorado, no distingue al padre en la oscuridad de la estrecha calle, pero el padre puede ver al niño a la luz de las llamas que salen de las ventanas altas del edificio, y por fin éste se decide a dar un salto en el espacio vacío confiando en la palabra del padre, para encontrarse pronto a salvo en los fuertes brazos de éste.

Al explicar esta anécdota hay que hacer vibrante el caso, poniendo algunas pinceladas que hagan a los oyentes ver en su imaginación la casa ardiendo y el angustioso movimiento del vecindario. Es indispensable, asimismo, referir en forma de diálogo la conversación que tendría lugar entre padre e hijo, hasta que el público dé un suspiro de alivio al oír cómo el niño cayó sano y salvo en los brazos de este último.

Evítese absolutamente decir: «Lo que estoy diciendo acerca de la fe tiene mucho parecido con el caso de un niño que fue *salvado* por su padre, el cual le invitaba a lanzarse a sus brazos desde el balcón de una casa que estaba ardiendo.» Este modo indiferente de explicar la anécdota no da una impresión viva del caso y suprime totalmente el elemento de sorpresa al anunciar desde el principio que el niño fue «salvado» por su padre. Procúrese que la gente no sepa si el niño fue salvado o pereció entre las llamas hasta que oigan el final.

Sin embargo, la anécdota no debe ser contada con tantos detalles hasta el punto de convertirla en una larga historia que haga olvidar a los oyentes la parte argumentativa del sermón. Dense solamente aquellos detalles que puedan aumentar el interés de la narración, y ninguno más.

COMO INTRODUCIR LAS ANECDOTAS

Parece de poco interés, y sin embargo es muy importante, la forma de empezar a referir la anécdota. Hay predicadores que tienen siempre una misma forma: «Recuerdo haber leído...» A la gente no les interesa si el predicador ha leído la anécdota o la ha oído contar. Y todavía es peor cuando el predicador dice: «Recuerdo haber leído en un libro...», pues es todavía menos importante para el público si lo ha leído en un libro o en una revista. Evítense cuidadosamente en los sermones estas frases ociosas y el sermón resultará más corto e interesante.

Es mucho mejor empezar diciendo: «En cierta ocasión ocurrió tal o cual cosa», o bien: «Existía en el país tal o cual.» Este detalle no es ocioso, pues a la gente le gusta que le cuenten historias verdaderas y la referencia de donde tuvo lugar el incidente, cuando es posible darla, aumenta el interés del caso.

ANECDOTAS PERSONALES

En mayor medida se acrecienta el interés del público cuando el predicador puede contar algún caso vivido por él mismo. Los grandes predicadores tienen generalmente un arsenal de incidentes de su vida que usan como ilustraciones de sus sermones.

Sin embargo, debe evitarse cuidadosamente la pedantería al referir tales casos y el uso excesivo del pronombre personal. Procúrese sustituirlo tanto como se pueda por el plural, si en el hecho han intervenido varias personas, pues ello dirá mucho en favor de la modestia del predicador.

Otro peligro al contar anécdotas personales es el de referir casos triviales o poco ilustrativos, por el prurito de hablar el predicador de sí mismo. Un incidente que al que lo ha vivido puede parecerle muy chocante e interesante, puede resultar intrascendente y aburrido para el que lo oye contar. Pero nunca lo será para un auditorio inteligente, si el caso ilustra verdaderamente el argumento o contiene una evidente lección moral o espiritual.

DISTRIBUCION DE LAS ANECDOTAS

Las anécdotas deben ser bien distribuidas. Es magnífico el sermón que puede tener una anécdota para ilustrar cada uno de sus puntos principales. Es mucho mejor si la anécdota puede ser puesta al final del punto; pero no siempre es posible. Muchas veces se nos ocurren anécdotas que ilustran un punto secundario o una frase del sermón. Evítese, empero, poner una anécdota para ilustrar una simple frase, si ésta no es muy importante y contiene la esencia de un punto del sermón. En tal caso parece puesta solamente para dar lugar a la anécdota. Tiene que ser la anécdota para el sermón, y no viceversa.

¿Pueden usarse dos anécdotas para ilustrar un mismo pensamiento?

Sí, pero de ningún modo deben ser contadas una tras de otra. El poder del Evangelio para transformar las almas puede ser bien ilustrado por la antes referida anécdota del salvaje y su perro, y también por algún caso de conversión, por ejemplo el de «El

borracho de nacimiento», quien después de convertido, vendiendo periódicos en una taberna, fue invitado
por sus antiguos compañeros, y al negarse a beber
le arrojaron la cerveza en la cara diciéndole: «Si no
por dentro, por fuera.» El hombre, arremangando
su brazo, les mostró sus fuertes músculos y dijo que
en otro tiempo habría empezado una pelea, pero ahora no hacía sino perdonarles y así se limitaba a enju-
garse la cara, encomendándoles a la gracia y misericordia del Señor.

Si contásemos la segunda anécdota inmediatamente después de la primera mientras aún se conserva
el sentimiento de hilaridad en el auditorio, se perdería totalmente el sentido e importancia de esta segunda. Pero si después de contar la primera decimos:
«Tenía razón el pobre salvaje, pues ciertamente Dios
es todopoderoso para transformar a las almas haciendo de los leones corderos, pues como dice el apóstol, si alguno está en Cristo, nueva criatura es, etcétera», el público estará preparado por estas sencillas
frases para oír la historia del bebedor convertido,
mucho más que si pasásemos de la primera anécdota
a la segunda con un simple: «También recuerdo el
caso de un hombre totalmente entregado a la bebi-
da, etc.»

Spurgeon dice: «Es feliz el predicador que encuentra una anécdota para el final de su sermón.
Una historieta o ejemplo que haga viva y patente
toda la enseñanza del mismo.» Este es el hermoso
ejemplo que hallamos al final del Sermón del Monte,
con la parábola del hombre que edificó su casa sobre
la peña.

COMO ARCHIVAR ANECDOTAS

Para disponer de anécdotas ilustrativas y adecuadas es necesario tenerlas archivadas de antemano,

ora en el cerebro, quien posea tan privilegiada memoria, o en un índice. Rebuscar libros y revistas en busca de anécdotas en el mismo momento de preparar el sermón es una pérdida de tiempo que ningún predicador ocupado puede permitirse, y en la gran mayoría de los casos no da resultados satisfactorios. Por esto es aconsejable tener un índice bien clasificado.

La clasificación de anécdotas no es tarea sencilla y no puede darse acerca de ello una norma fija, ya que cada predicador suele tener sus peculiaridades de pensamiento, pero puede servir de pauta la clasificación siguiente:

CRISTO. — *Ilustraciones sobre su:* Amor. Sacrificio. Sustitución. Perdón.

PECADOR. — *Ejemplos de:* Degradación moral. Ignorancia. Resultado del pecado.

SALVACION. — *Medio o condiciones para obtenerla:* Arrepentimiento. Fe. Abandono de impedimentos. Peligros de la indiferencia y tardanza. Su valor. Su alcance.

BENEFICIOS DEL CRISTIANO. — Seguridad de la salvación. Cuidado y protección divina. El Cielo. Lechos de muerte de creyentes.

FRUTOS DEL CRISTIANISMO. — *Pasivos:* Humildad. Verdad. Paciencia. Gratitud. Obediencia. Etc. *Activos:* Testimonio. Mayordomía cristiana. Filantropía.

ORACION. — *Condiciones:* Fe. Santidad. Sinceridad. — *Respuestas:* Inmediatas. Diferidas.

BIBLIA. — Su influencia sobre individuos. Sobre naciones. Ejemplos de amor a la Sagrada Escritura. Informes acerca de la Biblia.

ATEISMO. — *Ilustraciones* sobre lo razonable de la fe. Resultados del ateísmo.

ROMANISMO. — Papas. Intolerancia. Imágenes. Purgatorio. Indulgencias. Etc.

Puede reservarse una o varias páginas de una libreta para cada título según las probabilidades que existan de hallar anécdotas sobre cada clasificación. Anótese el título, y si éste no es bastante definido, añádase una frase que sintetice o recuerde la anécdota y a continuación el libro o revista y página donde se encuentra (1).

A menos de sernos muy familiar una anécdota y haberla contado muchas veces (lo que debe evitarse cuando se habla a un mismo público), es conveniente leerla cada vez de nuevo, a fin de poder referirla con la necesaria seguridad de detalle y vivacidad de estilo.

----

(1) El libro *Enciclopedia de Anécdotas e Ilustraciones,* recientemente publicado por Editorial CLIE, contiene un plan de clasificación de anécdotas que puede ser seguido o imitado, para el archivo de nuevas anécdotas, además de las 1.314 que contiene el referido volumen.

XII

El estilo de la predicación

Hay muy diversas formas de tratar un texto o pasaje bíblico como hemos visto, y cada predicador suele aplicar a su estudio y desarrollo su estilo personal.

Al decir estilo, no nos referimos aquí al estilo oratorio propiamente dicho, o sea: las frases y figuras retóricas peculiares de cada uno, sino a la forma de tratar el texto o el pasaje al componer el sermón.

ESTILO NARRATIVO

Es decir, saben narrar historias y hacer vivir ante las mentes de sus oyentes las ideas que existen en su cerebro. Son poetas y artistas por naturaleza. Regularmente los poetas en el púlpito lo son también en su estudio y a ellos debemos muchas de las buenas poesías evangélicas.

Todo predicador debiera poseer este arte en cierta medida, aun cuando jamás llegue a escribir un verso. El espíritu poético y una imaginación exuberante son cualidades casi imprescindibles en el predicador.

Sin embargo, un buen predicador, y sobre todo

los que son poetas, deben procurar no dejarse llevar demasiado lejos por este estilo, de modo que, pintando y floreando el sermón, se olviden de que el objeto esencial del mismo es enseñar, convencer y edificar. Deben también velar para que sus figuras retóricas no sean tan exageradas que se hallen fuera del alcance de la mente y conocimiento de sus oyentes, y éstos salgan sin saber lo que ha dicho el predicador; o que, aun siendo comprensible, resulte, por ocupar demasiado tiempo en florida retórica, muy pobre el sermón en contenido espiritual. La narración agradable y las altas figuras poéticas son como la sal y el colorido del sermón, pero del mismo modo que nuestro paladar repudia un manjar salado y nuestros ojos sufren a la visión de colores demasiado subidos, las mentes de los oyentes, sobre todo si se trata de personas sencillas, sufren literalmente por lo que puede llamarse «deslumbramiento intelectual», al verse obligados a escuchar continuamente frases de alto contenido poético en un sermón.

Otros predicadores tienen una facultad extraordinaria para el

ESTILO CONSIDERATIVO

Saben ver inmediatamente los diversos aspectos de una verdad, las aplicaciones que pueden sacarse de una palabra o frase de la Sagrada Escritura, de modo que las divisiones y subdivisiones de un texto salen fácilmente de su mente y de su pluma. Es ésta también una facultad preciosa en el predicador. Spurgeon la poseía en grado sumo, no careciendo tampoco de don narrativo y hasta cierto punto poético.

La facultad considerativa sabe cavar hondo en el texto o pasaje leído como tema, y desentraña sus tesoros con facilidad. Lo observa todo, lo ve todo, en la forma de una palabra, el orden con que viene detrás de otra, cualquier detalle, cualquier matiz del texto le ofrece materia para un sermón. El conocimiento de las lenguas originales Hebreo y Griego favorece la facultad considerativa en el predicador. Pero muchos la poseen de un modo innato, sin haber estudiado jamás en un Seminario, como ocurrió con el propio Spurgeon, que careció de tal oportunidad.

El estilo considerativo es el más propio para la edificación de los creyentes. Pero este estilo expone, no demuestra, no razona; dando por sentada la verdad, la desenvuelve, y se acerca al corazón a ofrecerla, retirándose triste si la mente la rechaza. Tal fue el estilo de Cristo al hablar a las multitudes ignorantes por medio de parábolas y por las grandes afirmaciones de sus admirables discursos. Este suele ser asimismo el estilo de muchos creyentes sencillos, que han recibido la verdad de Dios sin preguntarse el porqué, y apenas son capaces de comprender que otras personas tengan necesidad de razonar.

Pero el uso constante de este estilo, en toda clase de sermón y en todo período de cada sermón, es un defecto en un buen predicador. Cristo usó los estilos narrativos y considerativos cuando hablaba con cierta clase de oyentes, pero con sus astutos enemigos que vinieron a acecharle con preguntas capciosas en el templo, no dejó de emplear admirablemente la argumentación y la lógica.

ESTILO ARGUMENTATIVO

Algunos predicadores son especialistas en este estilo. Tienen en cuenta la mente de sus oyentes al formular su mensaje. Saben que la apelación última ha de ser al corazón, pues «ningún pecador se convierte por la cabeza, sino por el corazón» como se ha dicho con verdad; pero la mente puede ofrecer obstáculos al corazón que debieran ser removidos para que éste no halle excusa al recibir el llamamiento final.

El estilo argumentativo es el más propio para reuniones de evangelización en el presente siglo escéptico. Este estilo no significa siempre la presentación de pruebas o evidencias de la religión cristiana, aunque éstas tienen una parte muy notable en tal clase de estilo, sino que el estilo argumentativo se halla también en la predicación dirigida a los creyentes, cada vez que apelamos a un argumento lógico, a un motivo por el cual debiera hacerse tal o cual cosa.

La facultad de razonar y hacer razonar es el don más precioso de todo predicador. Debemos tener en cuenta que no solamente razonan los sabios, sino también las personas más sencillas. «Convencer es vencer», se ha dicho con razón, y aun cuando no siempre los «vencidos» por la fuerza del argumento se rinden a la verdad para aceptar a Cristo, o para servirle como ellos mismos comprenden que debieran, es una gran cosa quitar los obstáculos a la mente y abrir a los oyentes el camino de su deber de modo que se hallen «sin excusa» si no han andado por el mismo.

Los predicadores amantes de este estilo debieran tener, empero, en cuenta al hablar en tonos argumentativos, no sus propias mentes, sino las de sus oyentes. Muchos predicadores fallan en el camino del éxito por causa de este gran defecto: Olvidan a su auditorio cuando razonan. No tienen en cuenta que el mozo tendero, la criada y el barbero que se sientan en los bancos y no han pisado nunca las aulas de un Seminario o Universidad no tienen las mismas dudas que los sabios y eruditos; sin embargo, tienen sus dudas propias. Buscar cuáles son éstas, y responderlas, es el gran deber del predicador evangélico, y a esto debe dedicar sus esfuerzos y los conocimientos de su cultura un tanto superior a la de sus oyentes.

Por otra parte, debe abstenerse cuidadosamente de despertar, haciendo gala de su sabiduría, otras dudas que aquellos oyentes nunca han tenido. Spurgeon decía: «No seáis el instrumento del error esparciéndolo al tratar de combatirlo.» El predicador que sabe ponerse al nivel de las mentes de sus oyentes cuando predica, será estimado y popular. Sería muy buena cosa para todo predicador entablar conversación durante la semana con oyentes de diversos niveles de cultura de su iglesia y hacerles explicar lo que recuerdan acerca del sermón del domingo. Algunos tendrían grandes sorpresas al hacer esto, pero aprenderían mucho acerca de cómo deben predicar en ocasiones próximas.

El estilo argumentativo no se aplica solamente a los discursos propiamente apologéticos, sino que puede ser empleado en cualquier clase de predicación o exhortación. El apóstol San Pablo emplea abundantemente este estilo, con diversidad de motivos. Tanto cuando habla a los eruditos de Atenas como cuando defiende su propio apostolado, o al exponer la salvación por gracia en la carta a los Romanos, el estilo del apóstol es argumentativo, diferenciándose con esto notablemente de los demás escritores del Nuevo Testamento.

A fin de dar una idea de lo expuesto acerca de la diversidad de estilos, vamos a insertar tres bosquejos concebidos en las tres indicadas modalidades basadas sobre un mismo texto. Supongamos que éste es *«Creced en la gracia y conocimiento de nuestro Señor Jesucristo»*, 2.ª Pedro 3:18.

EJEMPLO 1.º

Estilo narrativo, metafórico o poético

EL MAYOR FENOMENO DE LA ESPIRITUAL CREACION. 2.ª Pedro 3:18

Introducción. — El predicador describirá con frases poéticas el crecimiento de una planta, mencionando el sol, la luna, los vientos, el rocío; con expresiones metafóricas, llamará, quizás, al sol «el astro rey» o «el rubicundo Apolo», si es un poco pedante, y al rocío «perlas de la mañana». Se referirá a la seda de los pétalos y al embriagador perfume de los capullos en flor. Luego dirá:

1.º *El creyente es una planta espiritual.*

    a) Ha recibido la vida de Dios; no puede dársela a sí mismo.

    b) Es regado por los arroyos de la Palabra Divina.

    c) Recibe los vivificantes influjos del Espíritu Santo.

    d) Es azotado por los vientos de la adversidad para que sea fortalecido.

2.º *El creyente debe crecer.*

    a) Para desarrollarse y subir a un nivel moral más alto que las personas que le rodean, a fin de ser distinguido como testigo de Cristo.

    b) Debe dar frutos de trabajo activo.

    c) Debe dejar tras de sí perfume de santidad.

    d) Debe cobijar bajo la sombra de su carácter benéfico a los cargados y sedientos que andan por el camino de la vida.

Conclusión. — Sólo así compensará los afanes del gran Hortelano de la vida que le ha colmado de beneficios, y será una bendición en el árido desierto de ese mundo de pecado. ¿Lo eres tú? ¿No quieres crecer más?

EJEMPLO 2.º

Estilo considerativo

NECESIDAD DE PROGRESO EN LA VIDA ESPIRITUAL. 2.ª *Pedro 3:18*

PIGMEOS O GIGANTES EN LA FE

Introducción. — Dios ha dado a todos los seres el poder de la vida, pero por razones diversas de alimentación, ejercicio o mal estado de cierta glándula interna unas personas alcanzan estatura y fortaleza física muy superior a otras. Del mismo modo hay diversidad de niveles espirituales en los hijos de Dios. Por ser esta vida una escuela de prueba para la eternidad, ha de ser nuestro mayor deseo alcanzar el grado máximo dentro de las circunstancias en que Dios nos ha puesto. Por consiguiente, nos conviene considerar a la luz de nuestro texto:

I. ¿QUE ES CRECER EN LA GRACIA?

1.º Es *crecer en fe y amor a Dios.* Los discípulos dijeron: «Auméntanos la fe», que no es credulidad, sino confianza en las promesas de Dios, ello hace sentirnos más cerca de El, en una intimidad amorosa y agradecida.

2.º *Es aumentar nuestro conocimiento de su Palabra;* de sus propósitos y deseos. No un mero conocimiento intelectual de historias o frases bíblicas, sino de experiencias personales con Dios andando a la luz de su palabra.

3.º *Es un aumento en sentimientos similares a los de nuestro modelo, Cristo,* quien nos exhorta a ser perfectos como nuestro Padre que está en los Cielos, a renglón seguido de ordenarnos amar aún a nuestros enemigos.

4.º Es, resumiendo los tres puntos anteriores, *un aumento en santidad,* de aborrecimiento al mal y acercamiento a todo lo bueno y a todo lo grato y agradable a la voluntad de Dios.

II. MODOS DE CRECER.

1.º *Por la meditación de la Palabra de Dios.* El salmo 119 es un exponente de la eficacia de la palabra divina para el crecimiento espiritual. Cítense los versículos 11, 105, 128, 165 u otros (no un número excesivo).

2.º *Por la oración.* Las personas más elevadas espiritualmente han sido hombres y mujeres de oración que vivieron en la presencia de Dios. Cítense ejemplos.

3.º *Por la actividad.* Como el ejercicio desarrolla y fortalece nuestros músculos, el tomar parte activa en la obra de Dios desarrolla nuestra vida espiritual.

4.º *Por la abnegación.* Es el aspecto doloroso de la actividad o de la inactividad forzada por enfermedades o pruebas que Dios nos permite, las cuales queman la escoria y desarrollan nuestras virtudes espirituales, si sabemos interpretarlas y aceptarlas como corresponde a hijos de Dios.

III. RAZONES PARA CRECER.

1.º Ningún padre se conforma con tener hijos

enanos. Su desarrollo en todos los aspectos es su gozo; así nuestro Padre que está en los Cielos se complace en nuestra superación moral, que ha de habilitarnos para las glorias y deberes celestiales de nuestro eterno porvenir.

2.º En tanto estamos, empero, en el mundo, donde Cristo tiene su iglesia militante. Como los cristianos fieles eran el gozo y gloria de Pablo, lo somos nosotros de Cristo, cuando andamos según su voluntad. Cada acto de abnegación y de fe es una bofetada al rostro de Satanás y una demostración de que el Hijo de Dios no ha fracasado en su propósito de atraer las almas por su sacrificio (Juan 12:32).

   a) La honra de Cristo en la iglesia local, donde otros aprenden de su ejemplo.

   b) En el mundo, por la atracción que ejerce sobre los inconversos. Cítense ejemplos.

3.º La vida de un cristiano fiel no es en modo alguno una vida triste, pesarosa o llena de temor. Las personas más consagradas a Cristo se caracterizan por una sonrisa celestial que brilla en sus rostros, y sus días no transcurren en vano. Sienten en lo más íntimo de su alma la satisfacción de vivir una vida que vale la pena y esto mismo les da felicidad.

4.º Tanto los evangelios como las epístolas están llenos de la doctrina de un más allá que ha de ser la contrapartida de la vida presente, empezando en las Bienaventuranzas y terminando en las glorias del Apocalipsis. Por esto el apóstol Pedro, tras una

enumeración de las virtudes cristianas que
ha sido llamada: la gradería de la santidad,
concluye con la afirmación: «Porque haciendo estas cosas no caeréis jamás; y así
os será otorgada una entrada amplia y
abundante en el Reino eterno de nuestro
Señor Jesucristo» (2.ª Pedro 1:10-11).

Conclusión. — Si mantenéis latente en vuestros
corazones el propósito de crecer en la gracia, o sea,
superar vuestro nivel espiritual, y con oración usáis
los métodos indicados: Meditación de la Escritura,
oración, actividad y abnegación, sometiendo vuestra
vida a la voluntad de Dios, creceréis verdaderamente en la gracia, para gozo de vuestra propia alma,
para el bien de los que os rodean y para la gloria
de Dios, obteniendo, no una admisión vergonzante en
el Cielo, como tizones arrebatados del incendio, sino
una «abundante entrada en el Reino eterno» (1).

EJEMPLO 3.º

Estilo argumentativo

EL SECRETO DEL CRECIMIENTO CRISTIANO
2.ª Pedro 3:18

Introducción. — El crecimiento es un imperativo
en el orden de la Naturaleza. Va unido a la vida en
el mundo vegetal, animal y mental; asimismo en el
Reino de la Gracia.

I. *El crecimiento de la gracia es un deber cristiano.*

   1.º Porque es mandado por Dios.

---

(1)   Este bosquejo fue modificado y considerablemente ampliado en la cuarta edición, para adaptarlo al gráfico que
ilustra la construcción esquemática de sermones.

a) Dios tiene autoridad para mandarnos crecer, porque es autor de la vida.

b) Dios no fuerza nuestro crecimiento en gracia, caridad o bondad, porque somos libres; nuestras acciones buenas no tendrían valor alguno si fueran forzadas.

c) Pero nos rodea de condiciones que favorecen nuestro crecimiento.

1) De carácter positivo: La Sagrada Escritura, los cultos, el ejemplo de personas más santas, sus beneficios y favores, respuestas a la oración, etcétera.

2) de carácter negativo: Las contrariedades que sirven para reforzar nuestro carácter y hacer nuestra fe de mejor calidad. Una fe sin prueba no sería fe, sino credulidad interesada.

II. *El crecimiento es ley en toda vida sana.*

a) En la Naturaleza, como en la gracia, o ganamos o perdemos. La planta que no crece se mustia.

b) Si faltamos a las leyes de la Naturaleza poniendo una planta fuera de los rayos del sol, enfermará. Asimismo si nos alejamos de los medios de gracia.

III. La falta de crecimiento en gracia es el mayor perjuicio para nosotros mismos.

a) El agua que no corre se corrompe. Así el creyente estancado e inactivo.

b) La planta que se mustia produce frutos ácidos. Si no vivimos en la plenitud de la vida los frutos serán agrios y displicentes, haciéndose desagradables a los que nos rodean.

c) La falta de frutos sanos a gloria y honor de Dios nos acarreará pobreza en el día de la recompensa (2.ª Pedro 1:11).

Conclusión. — Para vosotros, cristianos, que lleváis el nombre de Cristo, es éste un privilegio que no puede ser recibido o rehusado según plazca, sino un deber vital. La palabra de Dios lo presenta como una prueba de ser discípulos de Cristo. Examinémonos a nosotros mismos para ver si estamos avanzando o retrocediendo, creciendo para la gloria de Dios o perdiendo nuestro primer amor y entibiándonos hasta tener que ser rechazados de su boca. Jamás Dios lo permita.

Creemos que el estudiante habrá encontrado pensamientos útiles en cada uno de los tres métodos, a la vez que habrá descubierto cuánta riqueza puede desentrañarse de un mismo texto.

Obsérvese cómo el primer método es pintoresco, pero sin carecer de enseñanza; el segundo es explanatorio y edificante, y el tercero es autoritario y conminatorio.

Hemos presentado los tres bosquejos bien distintos porque estamos tratando del estudio del estilo en este capítulo; pero no queremos significar que todo sermón habrá de hacerse en un estilo determinado y seguir el mismo estilo en todo su desarrollo, sino que el mejor predicador será el que sepa manejar y sacar partido de los diversos estilos que a veces pueden usarse alternadamente en un mismo sermón.

XIII

La preparación del sermón

El valor espiritual del mensaje evangélico consiste en el contenido del sermón, pero a los ojos de mucha gente ni el plan homilético, ni el valor de los argumentos importan tanto como la habilidad del predicador en pronunciarlo.

Se dice que Whitefield era más popular que profundo, mientras que Wesley era más profundo que popular. ¿Por qué? Whitefield se destacaba en la elocución de sus mensajes. No se explica de otro modo el hecho de que conmoviera a grandes multitudes, que se deshacían en lágrimas, ante sermones que, al leerlos hoy día, nos parecen muy vulgares y sencillos.

CONTENIDO Y EXPRESION

Mucha gente, si tuviera que elegir entre un predicador que habla bien y uno que presenta magníficos sermones homiléticos, elegiría el primero y le conceptuaría como gran predicador, por más que su exposición homilética dejara mucho que desear. Por tal motivo, el predicador que quiere tener éxito y ser útil en la Obra, tiene que preparar muy bien sus mensajes, no solamente desde el punto de vista homilético, sino también en el de su expresión.

Debemos hacer notar que un sermón sin preparación homilética es mucho más fácil de ser presentado con aires de grande oratoria que un sermón homilético. La ordenación del sermón: sus divisiones y subdivisiones son una gran ayuda para preparar un mensaje sustancioso y capaz de permanecer en la memoria de los oyentes durante mucho tiempo; pero el orden impuesto en la preparación del sermón resulta una restricción insoportable para ciertos oradores en el momento de ser pronunciado. De ahí que algunos que gozan del inapreciable don de la facilidad de palabra, caigan en el lamentable exceso de confiar a ella todo el éxito y suban al púlpito sin la preparación adecuada, o con una preparación insuficiente. Un rato de meditar sobre un texto o pasaje de la Biblia les parece bastante para pronunciar un sermón, el cual consiste en un conjunto de frases altisonantes, en un constante ir y venir sobre las contadas ideas sugeridas durante la breve meditación y en repeticiones diversas del mismo concepto. En resumen, un discurso de altos vuelos y quizás en algunos casos magnífica expresión, pero sin contenido. El público recuerda durante la semana que pasaron un rato muy agradable el domingo, oyendo frases bien redondeadas, dichas con galas de oratoria y facilidad de expresión, pero no puede recordar qué mensaje dio el predicador, ni en qué consistió el sermón, aparte de algún pensamiento suelto que se pegó a la memoria.

Sin embargo, este orador huero puede ser mucho más apreciado que el que acude al púlpito con un mensaje sustancioso y bien preparado, contenido dentro de un voluminoso pliego de notas, a las cuales tiene que atenerse a cada momento; que se ve obligado a hacer pausas para reanudar la lectura del bosquejo, o se detiene para buscar textos en la Biblia que no lleva preparados de antemano. Por bueno que sea el mensaje de tal predicador nunca será popular como el que posee facilidad de expresión. Pero ni uno ni otro serán verdaderamente eficaces. El predicador ideal es el que puede unir el contenido con la expresión, el fondo con la forma, lo que llamaríamos el alma del sermón con su cuerpo, que es la forma de ser pronunciado.

Pero ¿cómo conseguirlo? Aparte de los dones naturales, la respuesta es solamente una: Trabajo, trabajo y trabajo.

EL MAYOR PELIGRO: LA INDOLENCIA

La tendencia dominante en nuestros días es no dar suficiente tiempo a la preparación de sermones. El predicador es generalmente un hombre excesivamente ocupado. Si se trata de un predicador laico, será, naturalmente, una persona más inteligente que sus oyentes, y lo más probable es que por la misma razón muchas actividades necesarias de la vida reclaman su tiempo y le quedan pocas horas para la Obra de Dios; sin embargo, la ama y quiere ocuparse de ella; sus hermanos menos privilegiados en cultura o inteligencia se lo reclaman y él no quiere eludir su deber; pero el resultado es que prepara sus mensajes con excesiva prisa; tiene que repetir una y otra vez sus ideas favoritas, porque carece de otras, y no realiza la labor eficaz para su Maestro, que por sus dones naturales podría llevar a cabo, y siempre está en su corazón hacer, hasta que el curso de su edad le incapacita para las actividades de su profesión y tiene más tiempo, en su senectud; pero..., ¡ay!, tampoco posee la lucidez de mente y los ánimos de sus años viriles.

Por esto, y a pesar de la controversia que existe entre diversos sectores cristianos sobre este punto, es todavía oportuna la recomendación apostólica a «desembarazarse de los negocios de la vida» (2.ª Timoteo 2:4) aquel que siente una vocación especial para el ministerio. Es verdad que ello impone una carga al pueblo de Dios y esto es siempre sensible para la conciencia delicada y consagrada al Señor que tiene que recibir tal ayuda, pero es la mejor manera para que el servidor de Dios pueda hacer una obra totalmente eficaz.

Con tal privilegio entra, empero, el predicador en una gran responsabilidad. ¿Dedicará a su obra real y efectivamente el mismo tiempo que empleaba para sus negocios u oficio manual antes de entrar en el Ministerio?

Hay predicadores, lo sabemos, que dedican mucho más tiempo a la Obra de Dios que el que dedicarían a un trabajo secular, pero el peligro es grande para algunos otros. Ningún obrero hay más libre que el predicador del Evangelio. Ningún sobrestante o encargado viene a controlar su trabajo. Excepto las cuatro o cinco horas a la semana que aparece ante sus oyentes en la iglesia, apenas nadie sabe en qué ocupa las demás. Pero es terriblemente responsable delante del Señor por ello.

El peligro de la indolencia, en lo que se refiere a la preparación del sermón, existe tanto en los predicadores excesivamente ocupados como en aquellos que, por ministrar en iglesias muy pequeñas a personas de cultura limitada, les parece innecesario preparar sus sermones con gran esmero. ¿Para qué? —se dice el predicador, entristecido—, si tampoco apreciarán mi esfuerzo estos pobres oyentes míos. Con ello olvida la advertencia del Señor: «El que es fiel en lo muy poco, también en lo demás es fiel» (Lucas 16:10). El predicador rural que estudia y predica bien sus mensajes, sin descuidar, naturalmente, la obra personal, no solamente será más apreciado por su congregación, por ruda que sea, sino que se está haciendo a sí mismo apto para superiores deberes que el Señor puede confiarle después de haberse mostrado fiel en lo poco.

El Dr. Andrés W. Blackwood, profesor de Homilética del Seminario Teológico de Princeton, dice: «Por lo menos durante los cinco primeros años un predicador joven debe dedicar de 15 a 20 horas a la preparación de su sermón principal del domingo, y un número poco inferior a los mensajes de edificación para creyentes.» Uno de los más grandes predicadores de nuestra época declara que durante años ha venido empleando aproximadamente una hora de preparación por cada minuto de duración de su sermón. Pocos predicadores se entregan hoy día a una preparación tan cuidadosa de sus mensajes, pero estos ejemplos son dignos de ser tenidos en cuenta.

CUATRO METODOS DE PREDICACION

Hay cuatro maneras de predicar un sermón, cada una de las cuales tiene sus ventajas y desventajas:

1.ª *Predicación sin notas.* — A esta clase de predicación nos hemos referido al describir el predicador que se prepara insuficientemente. Pero nadie crea que éste sea el caso de todos los predicadores que suben al púlpito sin notas. Algunos predicadores de privilegiada memoria pueden predicar sin notas sermones homiléticos y sustanciosos, debido a la esmerada preparación que han hecho del tema por días y semanas. No improvisan de ningún modo, aunque lo parezca; sino que llevan en la mente el plan del sermón con todos sus puntos y sus frases más importantes.

No obstante, están libres para ampliar y añadir cualquier idea oportuna que se les ocurra en el momento de la elocución.

Alexander Maclaren nos dice que acostumbraba tener fija en la memoria la primera y las últimas cuatro frases del sermón, así como sus divisiones principales. Con muchas horas de estudio, llenaba su mente de aquellas verdades que deseaba comunicar a sus oyentes y dejaba a la inspiración del momento la forma de expresarlas. Pero, como puede verse, el famosísimo predicador y escritor no subía en modo alguno al púlpito sin la debida preparación. Este es el procedimiento ideal para predicar, pero pocos predicadores son capaces de adoptarlo, por la extraordinaria capacidad mental que requiere.

2.ª *Memorización del discurso.* — Algunos predicadores dotados de buena memoria pero faltos del valor y habilidad que requiere el método anterior, han adoptado el sistema de aprender el sermón de memoria. En Francia, durante el siglo xvii, grandes oradores católicos romanos alcanzaron fama por sus sermones dichos de memoria. Pero pocos oradores son capaces de tal hazaña memorística. Por lo demás, aun cuando el predicador, por poseer buena memoria y facilidad de palabra, pueda dar con este sistema una impresión bastante parecida a la predicación sin notas, el público se apercibirá de que no habla con entera libertad, sino encadenado a un manuscrito, que no porque no aparece en el púlpito se hace menos evidente. Un tropiezo en la dicción, el error de una palabra que es necesario rectificar, etcétera, bastan para ponerle en evidencia ante la congregación, y cuando ésta se apercibe de que no está inventando el sermón sino recitándolo, por bueno que éste sea, menospreciará al predicador y sospechará, aunque no sea cierto, que la lección aprendida de memoria no es suya, sino de otro.

3.ª *Lectura del sermón.* — Parece bastante raro, pero es cierto que algunos predicadores han alcanzado fama predicando sermones leídos. Este procedimiento es, naturalmente, el más eficaz para pronunciar sermones gramaticalmente perfectos y ricos en contenido, pues el manuscrito puede ser pulido a la perfección, evitando pérdida de tiempo en repeticiones enojosas, a lo que tan expuesto se halla el predicador que habla sin notas y con poca preparación. Predicadores como Hooker, Taylor, Newman, Liddon, Farrar, Jonathan, Edwards, Shanning, Bushnell, Jorge A. Bordon y otros se han ganado la estima de multitudes leyendo sus sermones, pero ¡qué modo de leer!

El presidente de la Universidad de Harward solía enviar a sus estudiantes a la capilla donde predicaba Van Dyke para que aprendieran el arte de hablar en público. Ciertamente, Van Dyke tenía un manuscrito con el sermón escrito palabra por palabra, pero todo el mundo sentía que, además de en el papel, estaba el sermón escrito sobre su mente y su corazón. De vez en cuando, este maestro de multitudes bajaba la cabeza, quizás al principio de un párrafo, pero la mayor parte del tiempo se mantenía mirando a sus oyentes frente a frente. Se adivinaba que habría podido predicar el mismo sermón de haber traído al púlpito sólo sus puntos principales o principios de párrafo y que sólo una extremada precaución le inducía a tomar el sermón entero.

En cambio, el lector ordinario de sermones se hace siempre monótono, por buenos que sean los pensamientos que expone, y ¡no digamos nada del mal lector, el cual resulta insoportable!

El método de llevar todo el sermón escrito al púlpito no es recomendable en todas las ocasiones por las razones siguientes:

En primer lugar, porque el predicador confiado en su manuscrito puede descuidar aquella asimilación del sermón que permitía a Van Dyke leerlo sin leer.

En segundo lugar, el temor de apartarse de la perfección gramatical del escrito le impide lanzarse a expresar ideas sugeridas en el mismo momento de la predicación. Estas son, sin embargo, las mejores, muchas veces, y en todos los casos las que pueden expresarse con mayor facilidad y elocuencia.

No argüiremos nada en contra del método desde el punto de vista de impedir la acción del Espíritu Santo, porque éste puede inspirar al predicador tanto en el púlpito como en el gabinete de estudio, pero lo cierto es que no parecerá a los oyentes tan inspirado por Dios lo que ven leer, como lo que oyen de labios de un predicador que, con la vista fija en el auditorio, pronuncia las palabras con la actitud de un verdadero profeta del Señor.

Según el antiguo dicho «la mujer del César no sólo debe ser honrada, sino también parecerlo», el servidor del Señor no solamente debe ser real y verdaderamente inspirado por el Espíritu Santo, sino que debe dar la sensación de que lo es en todas sus actividades. Un sermón realmente bajado del Cielo, obtenido con mucha oración, puede perder gran parte de su eficacia al ser pronunciado por su predicador monótono, o exaltado con exceso, quizá por correr parejas su corto juicio con su sincero fervor espiritual. Tanto el sermón recitado de memoria como el sermón leído, por bueno que sea, pierde mucho cuando el público se da cuenta de que no son espontáneos.

4.ª *Predicación por bosquejo.* — La mayoría de los predicadores usan este método porque reúne las ventajas de los tres anteriores sin caer en sus inconvenientes. Este sistema exige menos horas de preparación y no requiere tanto esfuerzo nervioso y mental en el púlpito como los dos primeros sistemas mencionados, ni corre tanto peligro de monotonía como el del método tercero.

Las notas breves, al par de ser un gran auxilio para la memoria, no imponen ninguna barrera al predicador, como ocurre con el sermón escrito palabra por palabra. Si el predicador sabe cómo hacer las notas y cómo usarlas, podrá mirarlas tan discretamente que el público apenas se dé cuenta de ello. Prácticamente, empero, pocos predicadores saben hacerlo sin delatarse ante el público.

Un predicador experimentado puede usar notas extensas, especialmente cuando por su edad empieza a fallarle la memoria. Su experiencia en la predicación le permitirá usar sus notas con bastante libertad, por amplias que sean, y añadir o quitar de ellas del modo más natural, sin que el público lo note. Pero un predicador novicio difícilmente puede hacer esto, y es un triste espectáculo verle tembloroso y atado a notas extensas, obligado a mirarlas a cada momento y arrastrándose, por así decirlo, sobre un extenso manuscrito, cuando se halla en la edad de volar.

El uso de notas extensas, que un excesivo temor induce a considerar como necesarias en los primeros tiempos a algunos predicadores, puede convertirse en hábito vicioso cuando ya no las necesite realmente. El profesor Blackwood, antes citado, afirma que la extensión ideal de las notas para un buen sermón de 35 a 40 minutos no debiera exceder de dos cuartillas de letra grande y clara. Sería una equivocación tratar de ceñirse a tal espacio escribiendo en letra pequeña, porque su lectura se haría entonces más difícil y llamaría todavía más la atención de los oyentes, siendo en tal caso preferible usar más cuartillas.

Las notas no deberían contener sino palabras clave, que sean como señales para el predicador en un camino que debe haber recorrido ya varias veces dentro de su mente, de suerte que una palabra o una corta frase sea suficiente para recordarle todo un argumento.

COMO PREPARAR UN BUEN SERMON

Un predicador al cual se preguntó cuál de los cuatro métodos anteriormente descritos usaba para su predicación, respondió con aplomo: «Uso los cuatro a la vez», y explicó:

«Primero formulo un plan de sermón con su tema, texto, introducción, puntos principales y aplicación o conclusión, lo que me ocupa generalmente una sola cuartilla.

»Luego escribo el sermón palabra por palabra en unas 20 ó 30 cuartillas; lo reviso cuidadosamente, tanto como el tiempo me lo permite, quitando de aquí y añadiendo allá. A menudo cambio ideas de lugar, usando tijeras y goma.

»Cuando la obra me parece completa y bastante perfecta, trato de memorizarla, predicando el sermón mentalmente muchas veces en mis horas de desvelo y alguna que otra vez a las sillas de mi escritorio. Hago esto, primeramente, con el sermón entero a la vista, subrayando sus frases clave.

»Luego vuelvo a condensar el sermón en un nuevo bosquejo de una o dos cuartillas.

»A la vista de este segundo bosquejo, trato de traer a la memoria el sermón entero; pero a fin de recordar textualmente sus mejores frases, repito la lectura del sermón escrito un par de veces, poco antes de subir al púlpito.

»Traigo al púlpito el bosquejo últimamente formulado y procuro prescindir de él tanto como puedo, sin rehuir los pensamientos que el Espíritu Santo suele inspirarme a la vista de los oyentes, siempre que ellos no me lleven demasiado lejos del plan primitivo del sermón; en tal caso los consideraría pensamientos del diablo y no del Espíritu Santo, para destruir el sermón que Dios me dio en mi estudio en respuesta a la oración.»

Esta es la manera ideal de preparar un sermón. El predicador que practique este plan no estará mucho tiempo ocioso, pero será un predicador cada vez más elocuente y eficaz.

XIV

Elocuencia y retórica

Se llama retórica, en un sentido general, al arte de componer y pronunciar una buena pieza oratoria. En este aspecto todo lo que hemos venido diciendo es una ayuda a semejante arte, el cual incluye tanto el contenido como la expresión de un mensaje oral.

Pero en un sentido más particular se llama retórica o elocuencia a la forma externa del sermón, que se obtiene mediante la selección de adecuadas imágenes, y de frases reiteradas en formas diversas, que dan amenidad y fuerza a las ideas. En el sermón elocuente las ideas se graban en la memoria por el embeleso que causa a la mente la variedad de imágenes con que el predicador las presenta.

La homilética, o sea, la buena ordenación del sermón, es útil y necesaria para la buena comprensión, retención y efectividad del mensaje. Pero la homilética, por referirse tan sólo al contenido básico, al esqueleto del sermón, es seca de sí misma. Lo mismo ocurre con su hermana gemela, la lógica, que es grata a las mentes profundas, a los buenos pensadores, pero que no todos los oyentes saben apreciar del modo debido. Podríamos decir que, si la homilética es el esqueleto del sermón y la apologética los nervios y la sangre del cuerpo oratorio, la retórica es la carne y los músculos. Es decir, lo que lo redondea y lo llena, prestándole estética, color y amenidad. Una de las características o virtudes de la oratoria es la de fijar los conceptos en la mente de los oyentes, por una reiteración de adecuados sinónimos que prestan a las ideas nuevos y variados matices. Esta variedad de imágenes y de frases bien redondeadas agrada al intelecto y entona el espíritu, del mismo modo que una música de armónicos y variados tonos recrea el sentido acústico.

Todos los predicadores debieran someter su mente a la provechosa práctica de leer trozos selectos de literatura; no para imitar al pie de la letra aquellas celebridades literarias, antiguas o modernas. Nada ridiculiza más al predicador novato que el defecto de la pedantería, del que pronto se darán cuenta sus oyentes cultos, por más que ello parezca acreditarle de sabio a los ojos de unos cuantos admiradores ignorantes, como aquella oyente que decía de su pastor: «Debe haber dicho cosas muy profundas porque no he entendido ni una palabra del sermón.»

El aumento de la cultura en estos últimos tiempos hace, y hará cada vez más, que en todas las congregaciones cristianas se encuentren oyentes capaces de darse cuenta de si el predicador está usando un estilo superior a sus posibilidades oratorias, y hasta de identificar al autor a quien éste está remendando, quizá sin darse cuenta.

Sin embargo, el joven predicador debe leer literatura selecta, para ir enriqueciendo poco a poco su propio vocabulario y habilitar su mente para poder crear frases propias, bien redondeadas, que den expresión a sus propias ideas con una rica variedad de imágenes.

Todo predicador debe familiarizarse con trozos de oratoria ejemplar, como el famoso discurso de Donoso Cortés en las Cortes Españolas, acerca de la

Santa Biblia; así como obras clásicas de los maestros del Siglo de Oro de nuestras letras. Obras dramáticas como *El condenado por desconfiado,* o *La vida es sueño,* de Lope de Vega, son especialmente útiles a tal objeto por su carácter teológico. No recomendamos a los predicadores emplear mucho tiempo en la lectura de novelas profanas, aun cuando pueden ser útiles también para enriquecer su vocabulario y su sintaxis, ya que las horas de un servidor de Dios son demasiado preciosas para ser empleadas de este modo; pero el predicador del Evangelio necesita aumentar su cultura por los medios más eficaces y que le roben menos tiempo (1).

Vamos a exponer de modo muy breve los diversos recursos oratorios y figuras de lenguaje más comunes.

1.º La metáfora.

La Biblia es el mejor modelo de este estilo retórico por ser propio de los pueblos orientales y particularmente del hebreo. Las gentes primitivas se veían obligadas a este recurso a causa de la pobreza de su lenguaje. Así, por ejemplo, la palabra «cuerno» era usada para denotar fuerza; «monte» significaba soberbia; «carne», los sentimientos ruines y pecami-

---

(1) Recomendamos como ejercicio de oratoria la lectura de un pequeño libro del doctor J. F. Rodríguez titulado *El ángel de la bondad,* consistente en quince mensajes radiofónicos, todos ellos expresados en un lenguaje altielocuente. Es común y propio entre los predicadores utilizar dicho estilo en algún párrafo selecto del sermón; pero el doctor Rodríguez lo emplea en esta obrita casi desde la primera línea hasta la última. Por esto puede ser un ejercicio muy útil a los estudiantes de homilética leer en alta voz esta serie de breves sermones, una y otra vez, hasta que consigan hacerlo de un modo corrido y con la más perfecta entonación.

nosos del ser humano; «llave», control o acceso, etcétera. De este modo las ideas abstractas o desconocidas eran expresadas o aclaradas mediante otras ideas familiares al oyente, aplicando las cualidades de lo conocido a lo desconocido. Esto se observa no solamente en las metáforas directas como las antes citadas, sino también a las comparativas, de las que nos ocuparemos a continuación. Obsérvese un bello uso de metáforas en pasajes bíblicos como el de Isaías 10:1-20; 11:1-9; 18:1-7 y muchos otros.

El libro de Job está saturado de bellas imágenes que hablan a la mente con más elocuencia que todos los razonamientos. Es, esencialmente, un diálogo razonado con imágenes.

Jesucristo usó abundantemente este lenguaje, no solamente en sus grandes parábolas, sino también en sus discursos, como puede observarse en Mateo 5:13-26; 7:7-20; etc.

El uso de la metáfora, aunque no con tanta abundancia como en los tiempos bíblicos, se practica todavía en el estilo oratorio. En ella encuentran fuerza y belleza de expresión los mejores autores modernos.

Es de admirar el siguiente párrafo de estilo metafórico que nos ofrece Donoso Cortés en su discurso sobre la Biblia:

... «El Génesis es bello como la primera brisa que refrescó a los mundos, como la primera aurora que se levantó en el cielo, como la primera flor que brotó en los campos, como la primera palabra amorosa que pronunciaron los hombres, como el primer sol que apareció en Oriente. El Apocalipsis de San Juan es triste como la última palpitación de la naturaleza, como el último rayo de luz, como la última mirada de un moribundo. Y entre este himno fúnebre y aquel idilio, vense pasar unas en pos de otras las generaciones, etc.»

El autor de este Manual no está completamente

de acuerdo con el juicio que le merece el Apocalipsis al eximio autor, ya que en el Apocalipsis vemos, particularmente en sus últimos capítulos, el abor de un nuevo día para la Humanidad redimida; pero prescindiendo del fondo no podemos menos que admirar la bella y apasionada oratoria del famosísimo discurso del gran literato español, que cantó como nadie las excelencias de la Biblia.

2.º La metáfora comparativa.

Es la forma retórica más abundante en el texto bíblico, sobre todo en la poesía hebrea, en la cual aparecen dos términos: Uno principal que se quiere realzar, ilustrado por otro secundario, más familiar y más fácil de comprender. Obsérvese la vivacidad de expresión y de significado en las siguientes metáforas bíblicas comparativas:

«Como el agua fría al alma sedienta, así son las buenas nuevas de lejanas tierras» (Prov. 20:25). «Como zarzillo de oro en nariz de puerco, así es la mujer hermosa y faltada de razón» «Prov. 11:22). «La esperanza que se prolonga es tormento del corazón, mas árbol de vida el deseo cumplido» (Proverbios 13:12).

En vez de muchas metáforas para un solo concepto, puede a veces usarse una misma metáfora para diversos casos. Un ejemplo de ello lo hallamos en los primeros párrafos de un mensaje radiofónico del doctor J. F. Rodríguez sobre la paternidad. Helo aquí:

«No solamente es padre el que transmite su sangre a otra persona que se llama su hijo. Todo el que promueve una empresa se considera padre de la misma. Así, Stephen Douglas es el padre de la doctrina llamada «soberanía popular», en los Estados Unidos. Hipócrates es padre de la Medicina; Homero, de la épica; Esquilo, de la tragedia; Herodoto, de la historia; Rabelais, del ridículo; Aristófanes, de la comedia; Jefferson, de la democracia; Abraham, de la fe; Atanasio, de la ortodoxia, y Satanás, de la mentira» (2).

3.º La antítesis.

Esta forma literaria consiste en poner en comparación dos cosas enteramente opuestas para hacer resaltar aquello que se propone exaltar. Este estilo es muy adecuado para aplicarlo a sucesos tales como el nacimiento de Cristo, su resurrección o su ascensión. Véase, por ejemplo, este trozo de Fray Luis de Granada, que pone en contraste la gloriosa preexistencia de Cristo con su encarnación.

«¡Oh venerable misterio, más para sentir que para decir; no para explicarlo con palabras, sino para adorarlo con admiración y silencio! Qué cosa más admirable que ver aquel Señor a quien alababan las estrellas de la mañana, aquel que está sentado sobre los Querubines y que vuela sobre las plumas de los vientos, que tiene colgada de tres dedos la redondez de la tierra, cuya silla es el cielo y estrado de sus pies la tierra, ¡que haya querido bajar a tanto extremo de pobreza, naciese, le pariese su madre en un establo y le acostase en un pesebre!» (3).

Obsérvese en este trozo cómo la metáfora es usada cual antítesis. Lo mismo que en el pasaje bíblico siguiente:

«Al que no conoció pecado, hizo pecado por noso-

---

(2) J. F. Rodríguez, *El ángel de la bondad*, Sermón 4, p. 31. (Solicítese este pequeño libro de un centenar de páginas a Editorial CLIE, Tarrasa, España.)

(3) Héctor Pereira, *Hacia la elocuencia*, p. 129.

tros; para que nosotros fuésemos hechos justicia de Dios en El» (2.ª Cor. 5:21).

4.º La interrogación y la admiración.

Hallamos en la Biblia abundantes ejemplos de estas formas de expresión como puede observarse particularmente en libro de Job, los Salmos y la carta a los Romanos. (Véanse Job 7:17-21; 15:1-16 y 38; Salmos 22 y 74 y Romanos 3, 8, 9 y 11.) El predicador moderno que predica con énfasis, deseando que el mensaje llegue al corazón de sus oyentes, no podrá menos que hacer uso de tales formas incisivas de expresión, de las cuales no debe abusar hasta parecer un charlatán callejero, pero que no debe rehusar en lugares apropiados de su mensaje. Los predicadores fríos, o pagados de sí mismos, parecen avergonzarse de aquellas formas de lenguaje que enfatizan las ideas. Tal es su afán de no salirse de tono.

5.º Figuras de reiteración.

Estas son muy frecuentes en la Biblia y suelen ser usadas también por los predicadores modernos más elocuentes, como hemos tenido ocasión de ver en el famoso discurso de Donoso Cortés. Debe procurarse, empero, que la reiteración tenga algún motivo y sentido, no una simple repetición. Es necesario que la reiteración sea formulada mediante un sinónimo adecuado que añada nueva luz y color a la inicial expresión de la idea. Esto es lo que observarán nuestros lectores en el antedicho famosísimo discurso sobre la Biblia, desde el principio hasta el fin.

Véase otro ejemplo de Miguel de Unamuno en su libro *Del sentimiento trágico de la vida*:

«Una y otra vez, durante mi vida, heme visto en

trance de suspensión ante el abismo; una y otra vez
heme encontrado sobre encrucijadas en que se me
abría un haz de senderos, tomando uno de los cuales
renunciaba a los demás, pues que los caminos de la
vida son irrevertibles, y una y otra vez en tales úni-
cos momentos he sentido el empuje de una fuerza
consciente, soberana y amorosa. Y ábresele a uno
luego la senda del Señor» (4).

Vemos cómo la reiterada expresión «una y otra
vez» embellece este párrafo poniéndole énfasis, y
cómo su belleza oratoria es aumentada por algunas
oportunas hipérboles. Nótese que podía el autor usar
esta expresión al principio y luego enumerar todas
sus experiencias. Se hubiera entendido lo mismo y
hasta hubiera ganado en brevedad; pero carecería
del poder que le daba insistencia de la palabra «una
y otra vez» al principio de cada una de las frases.

Consideremos este otro párrafo del mismo libro
del famoso catedrático de Salamanca:

«Hay que creer en la otra vida; en la vida eterna
del más allá de la tumba, y en una vida individual y
personal; en una vida en la que cada uno de nosotros
sienta su conciencia, y la sienta unirse, sin confun-
dirse con las demás conciencias, en la Conciencia
Suprema, en Dios. Hay que creer en esa otra vida
para poder vivir ésta y soportarla y darle sentido y
finalidad» (5).

**6.°   Figuras de reiteración al comienzo de las partes
de la cláusula.**

Un ejemplo de esta oratoria lo tenemos en el discurso de Anatole France ante los estudiantes de Buenos Aires:

---

(4) Miguel de Unamuno, *Del sentimiento trágico de la
vida*, p. 173.
(5) Miguel de Unamuno, *Del sentimiento trágico de la
vida*, p. 226.

«Creo en el amor; creo en la belleza; creo en la justicia; creo, a pesar de todo, que en esta tierra el bien triunfará del mal y los hombres creerán en Dios... ¡Soñad! Si en el sueño no hay ciencia, no hay sabiduría. ¡Soñad! Vuestros sueños no serán vanos. La Humanidad, tarde o temprano, realiza los sueños de los sabios. ¡Soñad! No temáis la justicia, amad la verdad» (6).

Como puede verse, todo el bellísimo efecto de este párrafo se debe a la repetición de la palabra *creo,* cuatro veces en el primer párrafo, y de la palabra *¡soñad!,* tres veces en el segundo.

Observamos un breve párrafo de este estilo en el antes citado libro del doctor J. F. Rodríguez:

«Hablemos de algo que parece irse de la tierra; hablemos de algo que parece morir bajo el peor odio constante de los egoísmos, las violencias y el materialismo que impera en esta edad del siglo xx. Hablemos de la bondad» (7).

O este otro párrafo de su sermón radiofónico «El privilegio de llorar»:

«Dios nos ha dado emoción porque en El mismo debe existir un caudal de ésta. Nos dio lágrimas porque El también llora; nos dio alegría porque El se alegra; e hizo posible la tristeza en nosotros porque su corazón se entristece.»

«Abraham lloró por Sara; lloró José cuando se arrepintieron sus hermanos, lloró Jeremías la condición apóstata de su patria, lloró David la ruina de Absalón, lloró Pedro su dolorosa caída, lloró la pecadora a los pies del Señor, lloraron reyes la pérdida de sus tronos. Y lloró nuestro Salvador, consagrando las lágrimas como un privilegiado cristiano» (8).

---

(6) *Hacia la elocuencia,* p. 145.
(7) *El ángel de la bondad,* Sermón 1, p. 5.
(8) *El ángel de la bondad,* Sermón 2, p. 145.

He aquí un bello párrafo, también del doctor Rodríguez, con una reiteración basada en diversos aspectos de una misma persona, Cristo:

«Nuevamente nos hallamos ante el Maestro. Ante
el Maestro con letra mayúscula. Nos hallamos ante el
divino Rabí y Salvador Jesucristo.»

7.º Reiteración al final de los períodos.

A veces, la palabra que se repite puede ser colocada al final de cada período, produciendo también
un interesante efecto de reiteración. He aquí un ejemplo de un autor cubano:

«Percibimos por hábito, imaginamos por hábito,
sentimos por hábito, decidimos por hábito, y nuestro
carácter es el conjunto de nuestros hábitos» (9).

Obsérvese en este ejemplo cómo la frase final
redondea y concluye el párrafo; expresando la aplicación general de las afirmaciones anteriores que
concluyen todas con la palabra hábito.

8.º Al principio y al fin de los períodos.

Esta forma es más rara, pero puede observarse
un ejemplo que se hace incisivo por medio de preguntas:

«¿Quién quitó la vida a su propia madre? ¿No fue
Nerón? ¿Quién hizo expirar con veneno a su maestro? El mismo Nerón. ¿Quién hizo llorar a la Humanidad? Sólo Nerón» (10).

En este párrafo la clave del énfasis es el propio
nombre. Pero la palabra Nerón es presentada de
formas diversas, mediante «fue», «el mismo» y «sólo».

---

(9) *Hacia la elocuencia*, p. 146.
(10) *Hacia la elocuencia*, p. 146.

Es esta variedad de formas, al par que las preguntas, lo que da belleza al párrafo.

9.º Comenzar una frase con la palabra o idea con que terminó la anterior.

He aquí un ejemplo de esta forma retórica en la segunda epístola de San Pedro, cap. 1, vers. 5-7:

«... vosotros también, poniendo toda diligencia por esto mismo, mostrad en vuestra fe virtud, en la virtud ciencia, en la ciencia templanza, en la templanza paciencia, en la paciencia temor de Dios y en el temor de Dios amor fraternal y en el amor fraternal caridad...»

O este otro del apóstol San Pablo:

«Así también es la resurrección de los muertos. Se siembra en corrupción, se resucitará en incorrupción.

»Se siembra en deshonra, se resucitará en gloria; se siembra en debilidad, resucitará en poder; se siembra cuerpo animal, resucitará en cuerpo espiritual; hay cuerpo animal y cuerpo espiritual... Cual el terrenal, tales también los terrenales, y cual el celestial, tales también los celestiales; y así como hemos traído la imagen del terrenal, traeremos la imagen del celestial» (1.ª Cor. 15:42-44 y 48-49).

Podemos observar en todos estos ejemplos cómo la retórica, cuando es fruto de una convicción sincera (como ocurre en el caso de los escritores apostólicos), no es una simple música de palabras, sino una reiteración que sale de dentro del corazón y enfatiza las verdades que se procura expresar.

10.   Relación de la homilética con la elocuencia.

Como hemos dicho al principio, la homilética parece ser enemiga de la elocuencia, ya que la ciencia homilética frena, detiene, marca senderos al predicador y le obliga a volver al camino cuando éste ha lanzado fogosamente su imaginación tras un bello párrafo oratorio. Pero la verdad es que la homilética representa el mejor apoyo de la oratoria.

Volviendo a la comparación que expresábamos al principio, diremos que la homilética es tan útil y esencial a la oratoria como el esqueleto lo es del cuerpo. ¿Qué sería, en efecto, nuestro cuerpo, sin el esqueleto que lo sostiene? Un montón informe de carne sin belleza ni estética alguna. Así son los sermones que el autor ha tenido a veces que sufrir, escuchándolos de labios de predicadores fogosos y bien intencionados, pero faltos de los necesarios conocimientos de homilética. Hablaban, gritaban, gesticulaban y se entusiasmaban diciendo «cosas buenas»; pero la gente decía después, en nuestro expresivo catalán: «Saps lo mateix quan ha començat com quan ha acabat» (Sabes lo mismo cuando empieza que cuando acaba). Porque lo cierto es que el mismo predicador no sabía por dónde andaba.

Lo curioso del caso es que tales predicadores escriben a veces sus bosquejos y los traen al púlpito. Pero son bosquejos disparatados, sin orden lógico alguno, no forman un esqueleto ordenado, siguiendo un plan; sino que son un conjunto de frases de las que ellos mismos se han enamorado y las escriben como punto I, punto II, punto III del bosquejo, aun cuando no tengan relación lógica entre sí. Solamente les sirven para alargar el sermón, saltando de una frase a otra; no para dar al mensaje un sentido planificado.

Algunas veces hemos recomendado a algunos predicadores enamorados de la retórica, pero faltos de homilética: «Ponga una cinta magnetofónica en operación y escúchese a sí mismo, después, a solas. Procure seguir el hilo de su propio sermón y verá que no puede. Se dará cuenta de los saltos de pensamiento que se ha visto obligado a hacer por falta de plan.»

Sin embargo, hemos tenido que decir a otros: «No se limite a presentar un esqueleto en el púlpito, pues la gente espera y necesita algo más.» Hay predicadores hábiles para escribir un buen bosquejo, pero que son incapaces de revestirlo con la carne y los músculos necesarios para darle cuerpo.

Debemos decir que abundan más los predicadores del primer ejemplo que del segundo, sobre todo entre la raza latina, ya que nuestra idiosincrasia es de gente habladora. Al famoso orador Emilio Castelar daba placer oírlo, pero se dice que la Cámara de los Diputados temblaba cuando se ponía en pie, pues nadie sabía cuándo iba a terminar. Es mucho peor con los malos «Castelares» que conocemos.

El discurso oratorio es un arte de buena proporción. Es necesario revestir de carne el esqueleto en cada una de sus partes; pero no con exceso en ninguna de ellas ni tampoco en su totalidad. En el cuerpo oratorio, como en el cuerpo humano, es peor cuando el exceso es parcial que cuando es total.

Recordamos a un predicador que a veces (no siempre) traía al púlpito bosquejos bastante aceptables, y cuando anunciaba su plan, o nosotros lo preveíamos, esperábamos oír un buen mensaje. Pero ocurría, por lo general, que ponía tanta carne en el primer punto o en los dos primeros; es decir, hablaba tanto, extendiéndose en frases retóricas (que muchas veces poco tenían que ver con el mensaje), que al llegar a los últimos puntos, los mejores y que más se prestaban a una enseñanza espiritual, tenía que apresurarse por el imperativo del reloj, a fin de evitar que algún diácono impaciente apretara desde el vestíbulo el botón eléctrico que iluminaba el letrerito del púlpito que decía: «Su tiempo ha terminado»; y así nos dejaba contristados y vacíos.

En cambio, hemos oído de otro predicador joven y de tendencia modernista, quien se limitaba a leer muy lentamente, con muy poco comentario y pasaba un martirio, haciéndolo pasar también a sus oyentes, con su hábito de mirar a cada momento su reloj de pulsera para cerciorarse de que ya faltaban pocos minutos para la hora de terminar. ¡Y las manecillas se movían tan lentamente...! No hay que decir que, aunque no le faltaba inteligencia, sus defectos eran la pereza y su falta de fuego espiritual.

El predicador debe cultivar el arte de la retórica y mantener un verdadero arsenal de frases bellas en el archivo de su mente; pero, sobre todo, debe llevar un plan bien estudiado, sobre el cual aplicar aquellas frases hermosas que ha tenido ocasión de pensar durante el estudio del sermón.

EJERCICIO PRACTICO

Vístanse con frases retóricas adecuadas los siguientes bosquejos homiléticos:

EJEMPLO 1.°

LA MANO DE DIOS
Salmo 19:1 y Juan 10:27-29

Introducción. — Hacer notar el gran número de veces que la expresión «mano» aparece en la Biblia, y que en su mayoría se refieren a Dios.

La figura es adecuada, porque cualquier idea de nuestra mente la realizamos con nuestras manos. La expresión hiperbólica «mano» significa facultad o poder. No podemos imaginarnos a Dios como un hombre, pero nos ayudará a comprender a Dios (es decir, lo que Él es, lo que hace y se propone) el estudio de esta gráfica expresión en la Biblia.

I. *Las manos de Dios son* GRANDES.

«Los cielos cuentan la gloria de Dios y la expansión denuncia la obra de sus manos» (Salmo 19:1).

Hay billones de estrellas en el Universo, pero no circulan sin ton ni son. El Universo se habría destruido a sí mismo si la fuerza que mueve los astros fuera un impulso ciego e ininteligente. Lo que llamamos leyes de la Naturaleza, demuestra un Legislador. Por esta razón los astrónomos pueden predecir el eclipse, o el paso de un cometa dentro de un centenar de años, con la precisión de día, hora y minuto. (En cada uno de los puntos de este breve comentario hay lugar para bellas frases oratorias.)

II. *La mano de Dios es* SABIA.

«La diestra de Jehová hace maravillas» (Salmo 118:16).

Considérese el «computador electrónico» del cerebro humano, comparándolo con el complicadísimo instrumento inventado por la ciencia del hombre. Obsérvese:

a) Su pequeño tamaño comparativo.

b) Su material: células de carne, en vez de voluminosos aparatos de metal, plásticos, cristal, cartón,etc.

c) Sus variadísimas disposiciones y los numerosos órganos del cuerpo que controla.

De nada podemos decir: «Es imposible, contando con el poder y sabiduría de Dios.» (Nueva oportunidad para poner párrafos que realcen y aclaren los pensamientos esenciales de este apartado.)

III. *La mano de Dios es* PODEROSA.

«*Con mano fuerte y con brazo extendido*» (Deuteronomio 5:13).

Lo que para el hombre es completa imposibilidad es sencillísimo para los recursos de Dios. Ilústrese comparando los recursos de un troglodita y los del hombre civilizado, haciendo observar cómo los avances de la civilización tienen como base las leyes sabias de la Naturaleza. El poder del hombre no es sino una débil consecuencia y reflejo del poder y sabiduría de Dios. (Aplíquese a esta lógica, seca por sí misma, los recursos de la elocuencia para revestir también esta parte del mensaje con belleza oratoria.)

IV. *La mano de Dios puede ser* RESISTIDA.

Los átomos y moléculas del Universo entero obedecen dócilmente a la voluntad del Todopoderoso; pero no es así con los seres espirituales. Dios tiene servidores convencidos de su sabiduría y amor (los ángeles), no *robots*. Compárese Isaías 53:1-2 con el vers. 3.

La mano que nos creó con imponderable sabiduría y poder y nos redime del poder de Satanás no ha anulado nuestra voluntad. Podría aplastarnos, pero nos respeta; respeta nuestro yo malo, lo redime y colabora con nosotros en la formación de un nuevo carácter apto para el Reino de los Cielos. Esto nos lleva a declarar que:

V. *La mano de Dios es* DELICADA.

¿Habéis visto la mano de un escultor? Podría sacar kilogramos de piedra de un solo golpe y saca miligramos. ¿Habéis visto la de un cirujano? Nosotros cortaríamos nervios y tendones, venas y arterias; él sabe por dónde tiene que hacer pasar su bisturí y hasta dónde tiene que llegar.

En el terreno espiritual leemos: *«Fiel es Dios que no os dejará ser tentados más de lo que podéis llevar...»* (1.ª Cor. 10:13). Su obra en nosotros sigue por toda la vida y proseguirá hasta el más allá. *«Y conoceremos y proseguiremos en conocer a Jehová»* (Oseas 6:3). *«... Ahora conozco en parte, entonces conoceré como soy conocido...»* (1.ª Cor. 1:13).

Por esto, imitando a nuestro Padre, Señor y Modelo, nuestra mano debe ser delicada con nuestros hermanos. Un pastor sabio que tiene que reprender procurará no ofender al culpable, pero tampoco quiere dejar «pus de pecado». Se siente obligado a implorar: «¡Soy un ministro tuyo, Señor, dame sabiduría.!»

VI. *La mano de Dios debe ser* ACEPTADA.

Nos ponemos *en las manos* del médico. Así debemos hacerlo en el terreno espiritual (Santiago 4:10 y Job 34:32). Sólo así daremos a Dios la ocasión de manifestar su gloria en nosotros. (Revístase también esta parte con bellos y sinceros párrafos oratorios.)

VII. *La mano de Dios es* PROTECTORA.

La diestra que nos ha *creado,* nos *cuida* y nos *moldea,* también nos *guarda* (Juan 10:27-30). Obsérvense en este pasaje dos manos unidas en el mismo: unas invisibles, las otras tangibles; si bien forman parte de un cuerpo glorificado (Juan 20:27).

Una razón porque Dios no puede abandonar a los suyos se halla en Isaías 49:16. Lo que era mera hipérbole en cuanto a Israel es realidad en nuestro caso, sus manos horadadas son testimonio perenne de su amor. ¿Cómo podría olvidarnos si le costamos tanto?

VIII. *Una última hipérbole* GLORIOSA: Is. 62:2-3.

Es una referencia a los gruesos anillos de los monarcas orientales. El pueblo redimido del Señor será un día como «diadema de Reino» en la mano de Dios. (Véase Efesios 1:12.)

Conclusión o recapitulación.

Somos moldeados hoy por la mano fuerte, sabia, poderosa y delicada de nuestro Creador y Redentor para que podamos venir a ser un día ejemplo y motivo de alabanza, cuando seremos presentados «a principados y potestades en los cielos»; «a los 99 justos» de la parábola. Es decir, a multitudes de millones de millones de seres inteligentes que no han necesitado redención ni transformación por gracia, las cuales pueblan, indudablemente, el insondable Universo de Dios.

Demos gracias por estas sabias manos y sometámonos a ellas, para que podamos un día ser por ellas elevados a las alturas de su propia gloria (Juan 17:24).

EJEMPLO 2.°

LOS DOS PARAISOS

Génesis 2:8-18 y Apocalipsis 21:1 a 22:6

La Biblia empieza con un paraíso y acaba con otro. Ambos son lugares de felicidad. El primero fue preparado para el hombre natural; el segundo, para el hombre redimido.

Los escépticos se burlan del relato del Edén. Dicen que es un mito hebreo. Pensémoslo serenamente.

Hay un Ser en gran manera inteligente, según se observa en la Naturaleza, el cual estuvo durante siglos preparando las condiciones de la tierra para poner en ella toda clase de seres vivos y, por fin, el hombre, el único que puede comprender, admirar y agradecer las obras de su Creador. Si el hombre era la obra cúspide de la Creación, si el mundo había sido preparado para él, ¿no es natural que fuera introducido en alguna especie de museo donde pudiera aprender más pronto y fácilmente lo que le convenía acerca del hogar que iba a habitar? (Gén. 2:9). Un hijo de Dios, por su inteligencia y espíritu, no podía ser tratado como un irracional. Las pinturas rupestres prueban que el hombre troglodita era mucho más que un bruto. Por otra parte, la historia antigua está llena de tradiciones del Paraíso: la «Edad de Oro» de los poetas clásicos, el «Jardín de las Hespérides», etc. Todas coinciden en que se perdió.

Pero la Biblia termina con otro paraíso recobrado para el hombre, muy superior en todos sus aspectos. Es muy interesante considerar sus contrastes:

I. EL PRIMERO ERA TERRENAL.

Se detalla su emplazamiento en el Asia Occidental. Estaba, por lo tanto, expuesto a las vicisitudes de la tierra y fue destruido, según parece, por el Diluvio.

EL SEGUNDO PARAISO ES CELESTIAL.

Se detalla su emplazamiento en el Asia Occidental.

Se detalla también su situación, nada menos que «el Cielo de Dios»; el lugar más elevado del Universo (Apoc. 21:2). De allí desciende hacia la tierra. (Posiblemente la eleva, arrancándola de la órbita solar para llevar consigo al globo terráqueo renovado por fuego.) (Compárese 2.ª Pedro 3:12-13 y Apocalipsis 21:26.)

II. HABIA NOCHE.

Esta es necesaria a causa de la fragilidad de nuestros cuerpos, que requieren descanso; pero significa casi media vida perdida.

En el segundo *no hay noche*, porque no hay sol; Dios mismo es su lumbrera (Apoc. 22:5). La actividad es, sin descanso y sin cansancio. El gozo, las alabanzas y las recepciones de los que traen a este bendito lugar «la gloria y honor de todas las naciones» del Universo es incesante (Apocalipsis 21:26).

III. ENTRO SATANAS (Génesis 3:1).

El gran enemigo de Dios, envidioso de la felicidad de nuestros padres, introdujo en su alma pura la desconfianza y la ambición, los dos grandes males del mundo. ¿Por qué se pelean los hombres? Satanás ha manejado siempre la Humanidad tirando a su placer estas dos riendas.

En el segundo, *Satanás es excluido* (Apoc. 20:10). Ello significa que no habrá más pensamientos de desconfianza hacia Dios y hacia el prójimo, ni más ambición, pues no habrá pecado.

IV. ENTRO EL DOLOR (Génesis 3:17).

La condición del mundo parece que fue variada después de la caída y a causa de ella (Rom. 8:20-22). «Espinas y cardos» en la tierra, instintos feroces en los animales, bacterias que producen enfermedades de las que parece se van produciendo nuevas formas. El dolor aumenta a medida que progresa el pecado. No somos más felices que los patriarcas, a pesar de que les aventajamos en tantas cosas.

En el segundo, *el dolor será quitado*. Todos los motivos de dolor moral y físico desaparecerán: A la muerte, la enfermedad, la pobreza y el pecado se les llama «las primeras cosas», considerándolas sólo como un triste recuerdo del pasado (Apoc. 21:4).

V. ENTRO LA MALDICION (Génesis 3:14).

El único que tiene poder para convertir su palabra en realidad, tuvo que pronunciar sentencia de mal. Nadie más que El puede hacerlo (Salmo 109:28). Es una osadía para simples humanos el pretender lanzar maldiciones, y más en la Era cristiana (San Mateo 6:44 y Romanos 12:14). En muchos aspectos permanecen todavía los resultados de la maldición divina en el mundo.

En el segundo *no habrá maldición*, pues no existirá ningún motivo para ella entre seres perfectos. La última maldición habrá sido pronunciada contra los réprobos y será la final en el Universo.

VI. HUBO VERGÜENZA (Génesis 3:10).

El hombre no puede sufrir a Dios ni a su palabra cuando hace el mal. (Cítense los ejemplos de Caín huyendo de la presencia de Jehová, y de Joacín quemando el libro de la Ley.) Por esto el cristiano debe evitar el pecado, por ser templo de Dios mediante el Espíritu Santo.

En el segundo Paraíso *habrá confianza* (Apocalipsis 22:4). A pesar de vivir en la presencia de Dios no tendrá temor de su omnisciencia, porque nada podrá ser hallado reprochable en sus felices habitantes. Debemos empezar aquí a vivir esta clase de vida.

VII. SE CERRO LA ENTRADA.

Dios no quitó inmediatamente el paraíso de la tierra, pero lo cerró (Gén. 3:22-24). Era para los primeros pecadores un testimonio de la felicidad perdida.

El segundo paraíso *está siempre abierto* (Apocalipsis 21:25). Esto maravilló a Juan, acostumbrado a ver ciudades antiguas cuidadosamente amuralladas y cerradas. Pero no hay peligro de que entren enemigos en la ciudad celestial. Sus puertas abiertas son símbolo de libertad.

VIII. TUVO FIN (Génesis 3:24).

No sabemos cuánto duró la felicidad del primer paraíso, pero es de suponer que fue muy breve, ya que el primer hijo de Adán nació ya fuera del Edén.

El segundo *no tendrá fin* (Apoc. 22:5). Se ha dicho que sólo lo eterno de la felicidad es felicidad. Cuanto más preciosa y grata es una cosa, peor resulta el perderla. Lo mejor del cielo es que será nuestro hogar por la eternidad.

¿Tenemos lugar en el segundo paraíso? Está allí nuestro tesoro y nuestra esperanza. Cualquier clase de bien fuera de éste es un engaño y ha de venir a ser pronto una desilusión.

Conclusión.

El cielo, para muchos ilusión mística, es la única realidad verdadera por ser eterna. Cristo afirmó su existencia con su autoridad sin igual (Juan 14:2). Pensándolo racionalmente, no hay Imperio sin capital, como no hay cuerpo sin cabeza. El Universo no puede estar sin un centro. Cristo nos asegura que tan elevado y bendito lugar será nuestra habitación eterna si nos unimos a El por la fe. Vino a abrirnos las puertas del Paraíso superior con su muerte expiatoria; es el segundo Adán (Rom. 5:18-19). Su mayor satisfacción en la misma cruz fue ofrecer al ladrón moribundo inmediata entrada al nuevo Edén. ¿Está el Cielo abierto para ti?

Estos dos bosquejos se prestan en su desarrollo a altos vuelos oratorios; y son sólo dos ejemplos de una infinidad que pueden ser encontrados por los predicadores mediante un estudio atento de las Sagradas Escrituras (11).

Nuestro consejo es que se lleve al púlpito un bosquejo similar a éstos; es decir, el argumento del sermón, con una síntesis de las consideraciones principales de sus diversas partes; pero no un escrito completo conteniendo las lucubraciones oratorias a que pueden dar lugar estos pensamientos en el transcurso de la exposición del mensaje. Resultará mucho más espontáneo si se dejan las bellas frases retóricas a la inspiración y emoción del momento. Sin embargo, el predicador no debe esperar que la inspiración se produzca en el púlpito de un modo mágico. Esto no es confiar en que «el Señor dará el mensaje», sino simplemente un mal consejo de la pereza.

Además de confeccionar el bosquejo argumentativo, el orador debe predicar el mensaje mentalmente (o en voz alta como hacen algunos en su despacho), y allí extenderse en frases oratorias, que no llevará en el papel, pero sí en la mente. Debe pensar o pronunciar estas frases de todo corazón en la presencia

---

(11) Nos complacemos ofrecer 50 bosquejos similares a los dos que aparecen en este nuevo capítulo, en el libro *Sermones escogidos*, por S. Vila. Y otros 50 en el II volumen, titulado *Púlpito cristiano*, de próxima publicación. (Solicítense ambos libros a Editorial CLIE, Tarrasa, España.)

del Señor antes de presentarse a decirlas a la congregación, y dejar a la emoción del momento escoger las más adecuadas entre las diversas que, como oraciones de alabanza, de reconocimiento, de admiración y de gratitud y fe, haya pronunciado en su mente o con sus labios en la soledad, quizás en la misma cama, pensando en su sermón o sermones de la semana.

Solamente entonces podrá estar seguro, al subir al púlpito, de que tiene algo que decir a su congregación, y que el Espíritu del Señor, que le acompaña, le «recordará las cosas» que el Señor le ha dicho en su despacho en meditación y oración. Y las frases oratorias saldrán, no de un modo artificial porque están en el papel, sino real y, efectivamente, de su corazón.

XV

La elocución del sermón

Muletillas. — El predicador que no se ciñe estrictamente a un manuscrito, sino que predica con un simple bosquejo o sin él, se ve obligado a construir en el mismo púlpito muchas frases del sermón. Muchas de ellas habrán sido pensadas de antemano durante el estudio y volverán a la mente del predicador por asociación de ideas, pero muchas tendrán que ser improvisadas en el mismo momento de la predicación, y si el predicador no viene muy bien preparado, encontrará dificultad en formular las frases con la rapidez requerida. En tal caso corre gran peligro de introducir palabras de significado vago, que se avienen a toda clase de conceptos y se llaman «muletillas», o sea, apoyos que permitan al predicador descansar un instante para buscar las palabras que le conviene hallar. Hay personas que se hacen insoportables por el gran abuso de muletillas que usan en la misma conversación, y no menos pesado se hace el orador que cae en el hábito de usar alguna de tales muletillas con excesiva frecuencia durante la predicación. He aquí una lista de las

MULETILLAS MAS USUALES

«Precisamente», «verdaderamente», «ciertamente», «sencillamente», «de cierto», «en verdad»,

«grandemente», «oportunamente», «maravillosamen-
te», «amigos míos», «queridas almas», «queridos hermanos», «en vista de esto», «en razón de lo dicho»,
«¿entendéis ahora?», «sabemos, pues», «comprende-
mos», «podemos pensar», «podemos estar seguros»,
«podemos afirmar», «podemos creer», «es necesario
suponer», «en conciencia», «con toda verdad», «con
toda certeza», «es innegable», «lo cual».

A veces se convierte en muletilla la repetición
frecuente de un texto bíblico o de la línea de un
himno. Hay predicadores que no pueden terminar un
sermón sin tratar de demostrar la absoluta perdición
e insuficiencia humana por medio de la frase de
Isaías: «Todas nuestras injusticias son como trapos
de inmundicia», o bien: «Pasóse la siega, acabóse el
verano y nosotros no hemos sido salvos.» Frases que
a causa de su alto simbolismo resultan incomprensibles para el oyente nuevo y, por lo tanto, debieran
evitarse, si no hay la oportunidad de explicar la
figura.

Spurgeon fue advertido por un crítico, quien cada
domingo dejaba sus observaciones escritas sobre su
púlpito, del gran abuso que hacía de las siguientes
líneas del himno:

Ningún precio traigo a ti,
Mas tu cruz es para mí.

Spurgeon reconoció la verdad de la crítica y nos dice
que se esforzó en no abusar de una estrofa tan apro-
piada y de gran significado, pero que al ser repetida
en tantos de sus sermones había llegado a perder
gran parte de su valor para sus habituales oyentes.

En las oraciones, las muletillas más corrientes
son la propia mención del nombre del Señor, que
algunas veces se repite de un modo realmente abu-

sivo, resultando, sin darse cuenta, un quebrantamiento del tercer mandato del decálogo.

Otros recurren a una muletilla más larga añadiendo algún adjetivo al nombre del Señor como «Padre de misericordia», «Padre amantísimo», «Señor todopoderoso», expresiones que repiten docenas de veces en unos minutos.

Todas las palabras y frases que hemos citado, y muchas más que podríamos añadir, son correctas y útiles usadas alguna vez en el lugar que les corresponde, pero se convierten en fastidiosas muletillas tan pronto como se hace de ellas un uso abusivo. El predicador debe velar sobre sí mismo para evitar tales hábitos viciosos, y debe aun enseñar a sus miembros a evitarlos si es posible.

PRONUNCIACION Y ENTONACION

A la corrección de estilo sigue en importancia la buena elocución, o sea, la correcta pronunciación y entonación del sermón.

Spurgeon dice al respecto:

«Empieza a hablar con calma y sin levantar excesivamente la voz desde el principio. Ya vendrá la ocasión de hablar con calor en el curso del sermón. Sin embargo, principia con aire decidido, como el que está seguro de que tiene algo importante que comunicar, y asegúrate de que el volumen de voz es suficiente para que los que están sentados en los últimos bancos puedan oír desde la primera palabra.»

Aspira profundamente en las pausas, para que la falta de aire no te obligue en los párrafos largos a apresurarte y bajar la voz.

Articula las palabras distintamente. Procura corregir los defectos de pronunciación regional. Los ingleses tienen sus propios defectos regionales. En cuanto a nosotros, podemos notar: las vocales abiertas, en los predicadores catalanes; la *z* en lugar de *s* y la falta de terminación de muchas palabras, entre los de origen andaluz. Tanto unos como otros pueden, con perseverancia y esfuerzo, lograr hablar buen español. No es excusa el origen regional del predicador para no esforzarse a tal respecto. Todos deben esforzarse en conseguir la pronunciación correcta y completa.

Acostúmbrate —dice el Dr. Blackwood— a poner las pausas en el lugar que les corresponde. Tanto los textos bíblicos como los propios párrafos del sermón resultan mucho más comprensibles para los oyentes si el predicador los pronuncia con las pausas adecuadas. Haz la prueba con los siguientes textos, pronunciándolos, primero de corrido o como tienes por costumbre, y luego poniendo atención a las pausas según se indica.

Mateo 11:28

«Venid a Mí (*pausa*) todos los que estáis trabajados y cargados (*pausa*) y Yo os haré (*ligera pausa*) descansar.»

1.ª Juan 4:8

«Dios es (*pausa*) amor.» Nótese la diferencia en un texto tan breve si se pronuncian las tres palabras de corrido sin hacer la pausa que se indica, o si se pone antes del verbo «es». En tal caso la solemne frase perderá sentido, porque, sobre todo los oyentes de los últimos asientos, la percibirán como «dioses amor», expresión sin significado alguno.

Juan 5:24

«De cierto, de cierto os digo (*pausa*): El que cree

en Mí (*pausa ligera*) tiene (*pausa*) Vida Eterna (.) y no vendrá (*pausa ligera*) a condenación (*pausa*), mas pasó (*pausa ligera*) de muerte a vida» (.).

Isaías 1:18

«Venid luego (*pausa ligera*), dirá Jehová (*pausa*), y estemos (*pausa ligera*) a cuentas (*pausa*). Si vuestros pecados fueren (*pausa ligera*) como la grana (*pausa*), como la nieve (*pausa ligera*) serán emblanquecidos (*pausa*); si fueren rojos (*pausa ligera*) como el carmesí (*pausa*), vendrán a ser (*pausa*) como blanca lana.»

Hágase la prueba de alterar las pausas aquí señaladas y se verá cómo se empeora la dicción y, por ende, la buena comprensión del oyente.

En las pausas marcadas como ligeras la voz debe mantenerse pronunciando la última sílaba más larga que las demás, mientras que en las pausas normales debe detenerse la voz en la forma acostumbrada cuando hallamos una coma en el escrito.

Al pronunciar frases muy solemnes y de amonestación y en todas las de alabanza a Dios, citas de la Sagrada Escritura, etc., la atención a las pausas es de gran importancia. En el calor del discurso y de la argumentación el predicador no podrá prestar tanta atención a las pausas; pero si está habituado a observarlas de un modo correcto al hablar despacio y con solemnidad, lo hará instintivamente al hablar aprisa. El sentido común, más que las reglas, ha de ser su guía al respecto. Si no se detiene sino en las puntuaciones propias de la peroración, puede privar a su público de parar atención a ciertas palabras principales y producir la desagradable sensación de que está recitando su discurso como aprendido de memoria. Si, por el contrario, hace sus frases demasiado cortas o pone las pausas en lugar indebido, corre el peligro de hacerse pesado a los oyentes, dando la impresión de un niño que empieza a leer. Predicadores bastante cultos producen a veces esta impresión cuando, pretendiendo hacerse solemnes, en el algún período del sermón apelan al recurso de las frases cortas. El público inteligente se da cuenta a la legua de cuando las frecuentes pausas y frases cortas son naturales y tienen como razón la solemnidad del mensaje, o cuando obedecen simplemente a la falta de palabras o a la vanidad del predicador.

VELOCIDAD EN LA DICCION DEL DISCURSO

¿Qué es preferible en el predicador, la predicación rápida, o la dicción lenta y pausada?

No puede darse regla fija al respecto, porque su conveniencia depende de muchos factores. En primer lugar el temperamento del predicador. Hay predicadores a quienes por su carácter les caería mal la predicación pausada. Parecería un fingimiento, para los que conocen al predicador en la intimidad.

Otro factor determinante de la velocidad es la clase de sermón y los diversos períodos del mismo. Ningún predicador sensato pronunciará su sermón desde la primera frase hasta la última a la misma velocidad, ya que con ello daría la sensación de que lo está recitando. Como indicamos en la cita de Spurgeon, es necesario empezar a paso moderado y aumentar naturalmente la velocidad al hablar con mayor vehemencia. Cuando lleguéis a alguna frase que deseáis que el oyente recuerde bien, parad el ritmo del discurso y pronunciad aquella frase con calma. Ello da una sensación de alivio a la mente de los oyentes, sobre todo si el predicador es fogoso y ya ha hablado largo rato a gran velocidad.

Spurgeon acostumbraba hablar a razón de 140 palabras por minuto según su taquígrafo. La predicación por la radio suele hacerse a razón de 120. Estos datos se refieren a palabras de lengua inglesa. Las palabras españolas suelen ser más largas, y el número de ellas es inferior, excepto en predicadores muy fogosos. La predicación por la radio suele ser más regular que la del púlpito, debido a que la ausencia del auditorio priva al orador del entusiasmo que produce un público atento.

XVI

La actitud y el gesto

Spurgeon dedica dos capítulos de su obra más popular sobre la predicación, al estudio y crítica del gesto en los predicadores. Pero creemos que no es necesario hacerlo con tanta extensión en este libro. Con decir que debe suprimirse todo gesto raro o ridículo y cultivar la naturalidad, está dicho todo lo esencial.

El gesto ridículo suele producirse por las siguientes causas:

1.ª El temor. El predicador se siente objeto de todas las miradas y busca alivio en alguna acción, llevado por su nerviosismo.

2.ª La dificultad para encontrar la palabra adecuada. Un predicador levantaba la cabeza e introducía dos dedos en el cuello de la camisa, paseándolos alrededor, cada vez que sentía dificultad para hallar una palabra. Otros practican la fea costumbre de rascarse la cabeza, dando la falsa sensación de hallarse atormentados por parásitos. A los más les sobreviene una tos seca, forzada, artificial, que, al ser repetida constantemente por un predicador que no padece catarro ni tuberculosis, denuncia a la vista de todos que el motivo está en la mente y no en los bronquios del orador.

3.ª El simple hábito, sin razón determinante alguna, es muchas veces suficiente para crear y perpetuar un gesto ridículo en ciertos predicadores.

He aquí algunos de los principales:

GESTOS Y ACTITUDES IMPROPIAS

a) Balancear el cuerpo de un lado a otro del púlpito en un movimiento que Spurgeon llama de péndulo.

b) Levantar las hojas de una punta de la Biblia, rozándolas con el dedo, como si estuviera buscando el número de una página que no encuentra.

c) Romper la Biblia a puñetazos a cada pensamiento pronunciado con énfasis. Lutero tenía tal hábito de golpear el púlpito, que se muestra todavía en Eisenach una gruesa plancha de madera que rompió «golpeando un texto».

d) Ponerse una mano en el bolsillo y para aliviar la tensión nerviosa mover algún objeto escondido en el mismo, una llave, calderilla, etc. Lo más desastroso de este hábito es cuando el predicador produce ruido con dichos objetos, distrayendo la atención de los oyentes. Hace medio siglo había un pastor en Barcelona que era notable por esta perniciosa costumbre, que todos sus buenos miembros lamentaban, pues con ello distraía la atención y producía una impresión muy desagradable a los nuevos oyentes, como si quisiera hacer ostentación del dinero que llevaba en el bolsillo.

e) Colocar ambas manos en la cintura, en la actitud que en el lenguaje vulgar se denomina «en jarras», parece un gesto demasiado vulgar y excesivamente ridículo; sin embargo, algunos oradores han llegado a adoptarlo en ciertos momentos de nerviosismo.

f) Levantar la palma de la mano izquierda y mirarla fijamente como si en ella estuviese escrito el sermón, es un gesto ridículo en el que han incurrido varios predicadores. Spurgeon cuenta de uno que tenía además la costumbre de tocar el centro de la mano con el índice de la derecha como si tratara de horadarla.

g) Pasar el dedo meñique sobre las pestañas cuando falla la memoria ha sido costumbre de muchos predicadores importantes, pero debe evitarse si se convierte en hábito.

h) Levantar ambas manos a un tiempo es una actitud que no tiene nada de grotesco si no es exagerada. Rafael pintó a San Pablo en esta actitud, predicando en Atenas, pero puede resultar ridícula si se repite con exceso. Es más natural levantar una sola mano con el índice en alto y moverla al compás de la frase. Pero aun esta acción tan natural, si se repite constantemente y no sólo en los momentos adecuados, que son al pronunciar consideraciones sentenciosas, resulta petulante.

Este mismo gesto, tan común en los buenos predicadores y el más adecuado para muchos períodos del sermón, resulta empero inadecuado en una exhortación muy vehemente, para la cual es más propio levantar las dos manos.

i) Una acción no permisible en ningún caso, pero en la cual han caído algunos predicadores, es la de cerrar el puño o a veces ambos puños y levantarlos en alto como si amenazaran con ellos a la concurrencia.

j) Apoyarse sobre la Biblia, extendiendo el cuerpo hacia adelante como para lanzarse sobre los oyentes, era una actitud característica y común de Juan Knox, que resultaba natural y adecuada para el vehementísimo reformador (véase el último grabado.

sacado de un dibujo de la época), pero que de ningún modo conviene a un predicador moderno si no es en un momento de gran emoción, que no en todos los sermones ha de producirse.

LA RIGIDEZ

Hay muchos predicadores que por temor a caer en gestos ridículos apenas gesticulan al predicar, manteniéndose en una pose rígida, calculada y fría, que en nada ayuda a la comprensión del sermón, ni habla mucho en favor de la misma sinceridad del predicador. Se cuenta a este propósito de un predicador anglicano, el cual preguntó a un popular dramaturgo:

—¿Cómo es que diciéndoles la verdad de Dios el pueblo no acude a escucharme y concurre en masa a oír a usted que sólo representa farsas imaginarias?

A lo que respondió, muy acertado, el actor teatral:

—Es muy sencillo: Usted habla de la verdad como si fuese mentira, y yo presento la mentira como si fuese verdad.

La gesticulación es muy útil en el sermón para dar énfasis y comprensión al mismo, siempre que se practica acertadamente y con moderación.

GESTOS INOPORTUNOS

Una de las peores calamidades gesticulatorias del predicador es el gesto inoportuno. Parece imposible, pero algunos predicadores han adolecido de este defecto. El gesto no corresponde con la frase o pensamiento en el mismo momento que se pronuncia.

Spurgeon refiere de un evangelista que pronunciaba las palabras «Venid a Mí todos los que estáis trabajados, etc.» con el puño levantado, y ponía énfasis en la última frase del texto «yo os haré descansar», con una enérgica evolución del puño en alto. Es fácil comprender el efecto contraproducente de este gesto tan poco adecuado a la frase que pretendía subrayar.

El predicador debe estar alerta sobre sí mismo para desarraigar cualquier hábito impropio, tanto de fraseología como de acción. Como todos los hábitos, es muy fácil suprimir un gesto ridículo al principio, pero cuesta mucho si se hace viejo. Cada predicador debe tener advertidos a sus íntimos de que le avisen si observan en él algún hábito anormal, y procurar corregirlo inmediatamente.

Que ningún predicador se deje empero intimidar por el temor de incurrir en gestos inadecuados, que sea natural, que exprese las cosas como las siente, accionando según sea su costumbre en la conversación, excepto en frases de exhortación sentenciosa que raramente ocurren en la conversación vulgar.

El predicador es un servidor y un profeta de Dios y no un actor; por lo tanto, no debe, como éste, exagerar el gesto. Ningún gesto es malo si es suyo, es decir, algo natural de su persona en el hablar común. Solamente en el caso de un gesto muy desacertado, cuando corre el peligro de repetirlo para toda clase de frases convirtiéndose en hábito, es que debe mirar de corregirlo. Pero como esto ocurre a los predicadores con excesiva frecuencia, por esto son necesarias estas advertencias y el estudio del gesto en los seminarios y escuelas bíblicas.

COMO CORREGIR EL GESTO Y LA DICCION

En ciertos colegios de predicadores se corrigen los defectos del orador sometiéndole a la crítica de sus compañeros, en la siguiente forma:

El profesor distribuye hojas que contienen una

descripción de todos los juicios posibles que puede
merecer el predicador a sus oyentes, y cada estudiante subraya de la lista lo que le parece aplicable
al compañero predicador, el cual puede ver la impresión que ha causado a la mayoría de sus oyentes
por medio de las hojas referidas.

Juicio crítico del predicador X.

Actitud general: ¿Descuidada? ¿Tiesa? ¿Cabeza
atrás? ¿Inclinado adelante? ¿Manos en los bolsillos?
¿De puntillas? ¿Movimiento oscilante del cuerpo?

Actitud con respecto a los oyentes: ¿Pretenciosa?
¿De superioridad? ¿Indiferente? ¿Egoísta? ¿Absor-
bido en el sermón?

Expresión facial: ¿Dura? ¿De estatua? ¿Cruza el
entrecejo? ¿Muecas con la boca? ¿Enseña los dien-
tes?

Los ojos: ¿Fijos en el espacio? ¿Mira a menudo
al techo? ¿Al suelo? ¿Los fija en alguna puerta,
ventana u otro objeto del local?

Primeras palabras del sermón: ¿Demasiado altas
de tono? ¿Demasiado fuertes? ¿Demasiado débiles?
¿Demasiado rápidas? ¿Indistinguibles? ¿Con expresión de enfado? ¿De timidez?

Voz: ¿De garganta? ¿Nasal? ¿Chillona? ¿Monótona? ¿Normal?

Alientos: ¿Respira poco? ¿Incluye demasiadas palabras entre respiración y respiración? ¿Queda sin
aliento? ¿Rompe la frase para respirar?

Volumen: ¿Insuficiente para la sala? ¿Insuficiente al principio? ¿Excesivo al final? ¿Demasiado débil
al final? ¿Baja la voz al final de párrafo?

Tono: ¿Demasiado alto al empezar? ¿Monótono?
¿Soporífico? ¿Olvida los cambios de tono?

Velocidad: ¿Demasiado aprisa al principio? ¿Demasiado despacio en general? ¿Poca variación de velocidad en el curso del sermón? ¿Poca variación entre discurso y discurso?

Fraseología: ¿Frases demasiado largas? ¿Idem cortas? ¿Pausas impropias?

Pronunciación: ¿Correcta? ¿Erres demasiado fuertes? ¿Idem débiles? ¿Con sonido de G? ¿Faltas entre B y V? ¿Vocales abiertas? ¿L demasiado pronunciadas con la lengua apretada al paladar? ¿Omite por provincialismo consonantes al final de palabras? (ejemplo: Madrí por Madrid). ¿Las sustituye por otra letra? (ejemplos: Madriz por Madrid; R por L, en curto por culto, arto por alto; J o X por Y, en cuyo, cayado, coyuntura (cuxo, caxado, cojuntura o coxuntura).

Énfasis: ¿Lo pone equivocadamente en palabras que no lo requieren? ¿Deja de ponerlo en palabras que lo necesitan? ¿Demasiado énfasis para ganar tiempo? ¿Demasiado poco, a estilo de recitación?

Gestos: ¿Poco movimiento? ¿Excesivo? ¿Empieza a gesticular demasiado pronto? ¿Demasiados gestos iguales? ¿Demasiado mover la mano de arriba a abajo? ¿Gestos espasmódicos impropios? ¿Demasiado índice doctoral? ¿Uso normal y correcto del índice? ¿Puño apretado? ¿Movimientos de charlatán con ambas manos?

El estudio de las observaciones de los oyentes sobre una lista semejante es muy útil al predicador, por lo que recomendamos a los que nunca han pasado por esta prueba en un Seminario se sometan a ella poniendo esta lista en manos de la esposa o de amigos íntimos, de percepción aguda y buena comprensión.

Sin embargo, queremos repetir con Spurgeon: «No se deje el lector intimidar por estos detalles temiendo a cada paso el ridículo. Corríjase de algún defecto grave si tiene de ello necesidad; pero olvide los juicios del público al dar el mensaje de Dios. "La vida es más que el alimento y el cuerpo más que el vestido", dice Jesús. Del mismo modo, la parte espiritual del mensaje es más que estos detalles. Predicadores correctos en sus maneras pueden ser muy pobres espiritualmente o en contenido del sermón, y predicadores cargados de defectos de expresión han sido grandes profetas de Dios. Pero si es posible alcanzar ambas cosas, mayor será nuestra eficacia y más alto el crédito de la gloriosa causa que defendemos.»

Tratemos de servir a nuestro adorable Señor con las mejores dotes que El mismo nos ha concedido y usémoslas del modo más adecuado y eficaz posible.

GRAFICO DE POSICIONES

Leer el sermón en la palma de la mano.

Restregarse la nariz con el dedo.

Amenazar a los oyentes con los puños.

Abalanzarse sobre el auditorio inclinando el cuerpo hacia adelante.

Buscar ideas rascándose la oreja.

Apoyar la cabeza sobre el brazo.

INCORRECTAS

Sacar las ideas con el dedo, del cuello de la camisa.

Estremecer al auditorio con ensordecedores gritos y toser ruidosamente al final de cada párrafo.

Marear a los oyentes balanceando el cuerpo en forma de péndulo de un lado a otro.

Romper la Biblia a puñetazos para aumentar el énfasis.

Meter una mano en el bolsillo y calmar los nervios moviendo las llaves o cualquier otro objeto.

Colocar los brazos en "jarra".

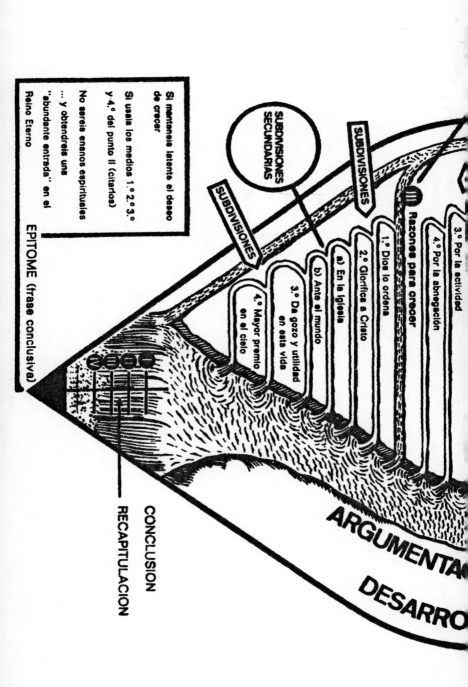

SUBDIVISIONES SECUNDARIAS

SUBDIVISIONES

SUBDIVISIONES

Razones para crecer

1.° Dios lo ordena

2.° Glorifica a Cristo

a) En la iglesia

b) Ante el mundo

3.° Por la actividad

4.° Por la abnegación

3.° Da gozo y utilidad en esta vida

4.° Mayor premio en el cielo

Si mantenéis latente el deseo de crecer

Si usáis los medios 1.° 2.° 3.° y 4.° del punto II (citarlos)

No seréis enanos espirituales

... y obtendréis una "abundante entrada" en el Reino Eterno

EPITOME (frase conclusiva)

CONCLUSION

RECAPITULACION

ARGUMENTA

DESARRO

BOSQUEJO GRAFICO DE UN SERMON BIBLICO

TEMA O ASUNTO Necesidad de progreso en la vida espiritual

TITULO

PIGMEOS O GIGANTES EN LA FE

TEXTO 1.ª Pedro 3:18

INTRODUCCION

Que es crecer
en la Gracia

DIVISIONES PRINCIPALES

SUBDIVISIONES

I Modos de crecer en la Gracia

1.° Por la meditación de la Biblia

II

1.° En fe y amor á Dios

2.° En conocimiento espiritual

3.° En amor al prójimo

4.° En Santidad

...ON DEL TEMA

...O DEL SERMON